生

我的生命之旅與台灣民主之路

百年誕辰紀念版

自序

登輝從一九九四年即開始出版著作，包括：二〇一三年《二十一世紀 台灣要到哪裡去》及《為主作見證》、二〇〇九年《最高領導者的條件》、二〇〇五年《新時代台灣人》、二〇〇四年《「武士道」解題》、二〇〇〇年《亞洲的智略》、一九九九年《台灣的主張》、一九九四年《經營大台灣》，去年二〇一五年《新・台灣的主張》，這一系列著作闡述登輝自幼至今的人生觀、生死觀、歷史觀、治國理念等多層次價值理念。

今年我國三次政黨輪替，距離一九九六年台灣人民第一次直選總統，適值二十週年；過去八年，由於馬政府長期忽視民意、黑箱作業，代議制度失衡失調，貧富差距高達九十九倍，公平正義蕩然無存，終導致「太陽花學運」，年輕人及被壓迫的弱勢者，用實際行動表達對馬總統最直接的不滿與抗議，終導致原在野黨民進黨總統候選人，蔡英文主席勝出以擔任台灣第十四任總統。

回顧台灣民主政治發展，已出現若干瓶頸與疲乏，極需透過修憲工程以補足缺失。在國際環境上，進入「G-Zero」年代，意謂著美國已不再具世界霸主地位，日本更應為自己的國家安全、區域和平安全負起更多的義務責任。今年再度出版《餘生：我的生命之旅與台灣民主之路》中文著作，登輝的觀念想法，時事意見，可完整揭露並與時俱進更新。

一九九九年我在《台灣的主張》這本書中寫到：「『新台灣、新台灣人』一定要基於使命與責任，彰顯自己的存在，創造新的歷史。」這個想法至今仍未改變；登輝在台北高校期間讀過歌德的《浮士德》、《少年維特的煩惱》，以及尼采的《查拉圖斯特如是說》、西田幾多郎的《善的研究》、杜斯妥也夫斯基的《白癡》、托爾斯泰的《戰爭與和平》等外國名著，都影響了我的人生觀。

若真的要其中挑一本的話，我會選擇十九世紀英國思想家卡萊爾的《衣裳哲學》，戰後我看到日本出版的翻譯書也艱澀難懂，但對於當時苦苦追尋「自我」、「關於死亡」真諦的我來說，為了更深入的了解，走遍各書店和圖書館，涉獵相關書籍仍無法找到說服我的理論，直到在總督府圖書館裡找到一本泛黃、變色的《講義錄》，才能理解以前讀原著時無法充分體會的「永遠的否定昇華為永遠的肯定」之涵義，關於生死觀的疑問，終於得到化解。這講義錄的作者是以前在台灣當過糖業局長的新渡戶稻造。他每年召集糖業公司的菁英研習時，作為《衣裳哲學》課本授課。之後我對新渡戶稻造關心開始陸陸續續閱讀他的著作。

其中《武士道：日本人的精神》令我非常感動；我認為新渡戶稻造所說的武士道，正是日本人的精神和道德規範。可以說，那是勇氣與決斷力的根源所在，同時也是一種凝視生與死的美學或哲學。

人生只有一回，如何將人生變得有意義進而肯定其價值？「不為一己之『私』，而是為大眾之『公』來工作。」用我的話來說就是「我不是我的我」的信念；民主國家的領導者絕不能被個人或權力所左右，身為領導者最需要的是捨棄私心，為公眾服務的精神。

日本統治台灣五十年，雖然不用過度美化日治時期的作為，但在這五十年裡，台灣得以從傳統農業社會蛻變為近代社會，並培養了守時、守法、金融貨幣經濟基礎、衛生觀念及企業經營等新觀念。雖然沒有確切的證據，但我認為，蔣經國應該是很欣賞我的「日本特質」，對工作有責任感，誠實做事、不說謊。

在那時期台灣同時受到歐美思想的影響，開始成立各種社會團體，提出議會民主、政黨政治、社會主義、共產主義、地方自治、選舉、自覺獨立等要求。以結果論，台灣人的政治運動因受到總督府打壓，並沒有成功，但滋生了「台灣人的台灣」這樣的理念基礎。

一九四五年，統治台灣的外來政權日本，在第二次大戰中戰敗，被迫放棄台灣，台灣因此被戰勝國盟軍指派蔣介石接收占領，開啟另一個外來政權「中華民國」的統治。

當時台灣所處的環境是，從強調「天下為公」的「大日本帝國」，突然轉變為標榜「天下為黨」的國民黨「中華民國」，新舊外來政權就在台灣進行交替。

突然間，人民對馬上腐敗的國民黨爆發不滿，遭受武力鎮壓的二二八事件，原因就是已經現代化的台灣與中華民國兩種不同「文明的衝突」。

台灣數百年來都是被西班牙、荷蘭、明鄭、日本、國民黨國民政府等六個外來政權所統治。一九九六年，台灣第一次由人民直選總統，正式脫離外來政權的統治。日本統治的時候，學生在教室講台灣話就會被罰跪，日本人走了，國民黨政權來了，台灣人還是受罰。我深深體會到「生為台灣人的悲哀」。

對於歷史過程中發生的被殖民經驗、各式悲劇與其主謀者，我們一方面予以嚴厲批判，另一方面也要懂得超越自我的悲傷，諒解他者的處境。登輝曾多次強調，不要用來到台灣這塊土地的先後順序，做為是否是為台灣人的判斷標準。新時代的台灣人應該藉由「釐清歷史真相」，把握現在，抱持信念，朝未來邁進。

登輝提出「脫古改新」的新思維，就是擺脫舊體制，目的就是要切斷「托古改制」餘毒的亞洲價值，擺脫「一個中國」、「中國法統」的約束，現在超過八成的國人希望台灣與中國的關係是「維持現狀」。何謂台灣的現狀？就是台灣不隸屬於中國、獨立的狀態，台灣的中華民國，與中華人民共和國，都是個別的「存在」。

能夠以台灣之名而存在，才是惟一的重點。更進一步說，其實我從未主張過「台灣獨立」，因為，台灣已經實質獨立，沒必要在國際社會作出引起爭執的發言。獨立與否的神學式論爭，不但沒有意義，只會讓人民一分為二，激化對立罷了。這會導致政治停滯，為人民帶來無可計數的損失，而國家領導人，若是放任或是助長統獨對立，都是極不負責任的行為，非民主國家之福。

台灣與日本都是亞洲最民主的國家，重視人權與和平，擁有共同的價值觀，也是四面環海，有許多利害一致的地方。面對中國為了轉移人民高度不滿的注意力，習近平上台後多次在東海、南海製造事端，挑釁周遭國家，嚴重破壞區域和平的嚴峻挑戰，台日兩國有必要也有需要共同守護東亞的安定與和平，需要進行安全保障上的對話。

日本也必須一改凡事依賴美國的政治態度，對我來說，日本憲法已經超過六十年沒有修改過，這是很不正常的狀態，日本應共同擔負起亞太戰略義務以捍衛國家利益。

登輝再次強調，台灣是日本的生命線，即便台日斷交後，仍維持著緊密的經貿、文化層次互動。台灣九二一大地震時，日本救難隊率先抵達台灣援助，而日本三一一海嘯時，台灣是善款捐助最多的國家。況且，台日兩國並不存在領土糾紛。基於此，兩國應緊密合作共同面對中國崛起與擴張，日本也應該在法律層面上重新調整，例如制訂「台灣關係法」，像對待其它國家那樣對待台灣。

現在正是所有台灣人超越過去的恩怨，攜手共創新時局的時候。未來，台灣是否成為正常的民主國家，邁向一流國家的行列，關鍵在於：新時代台灣人的意識強化工作到底會不會成功，也就是愛台灣這塊土地的人、以台灣為優先的人、認同民主台灣價值的人，才符合新時代台灣人的定義，才是今後台灣需要的人。

很遺憾的是，這幾年的民主發展呈現疲態，顯露退縮的徵兆。政黨間產生喪失理性的無謂對立，領導人變成不踏實、沒有責任感的政治人物；司法失去公正性和人民信賴。

現行中華民國憲法雖然規定總統由人民直選，但憲法對總統的權力範圍卻沒有明確規範，完全端視總統個人民主素養和自制力的狀態。可惜仍有許多人存有威權的心態，當這些人掌握了政府、權力之後，就會出現「贏者全拿」的傲慢心態，完全忽視其他人意見，二〇一四年三月發起的「太陽花學運」，讓台灣總統權力過度膨脹的問題清楚浮現出來。

如同剛剛跟各位所述，登輝在總統任內推動第一次民主改革，瓦解獨裁體制，樹立民主社會，這點可說已獲得成功。

這些成果，讓台灣成為亞洲民主國家成功轉型的代表，這是我一生的榮耀與驕傲，但是我不會沉醉在這種驕傲裡。現在，第一次民主改革的成果已經遭遇瓶頸。台灣真的有必要進行「第二次民主改革」了！

登輝一生的理想就是希望將台灣從外來政權的統治中解放出來，邁向自由的國家；希望將「生為台灣人的悲哀」轉換為「生為台灣人的幸福」，這就是我的人生目標。我希望大家跟我做陣打拚，共同呼籲公民的覺醒，讓人民宣示自己才是國家真正的主人。

今年登輝再度出版《餘生：我的生命之旅與台灣民主之路》這本著作，期盼喚起人民力量，重新指引台灣未來該走的方向。請大家多多指教，祝大家平安！

二〇一六年元月二十五日

李登輝

前言

今年[1]在台灣即將迎來農曆新年的一月底，電視上播報了「台灣高鐵乘務員在日本的新幹線上接受服務培訓」的新聞，聽聞後才發現，日本的新幹線乘務員在去年十二月時就曾來台灣進行培訓，是日台培訓的交流活動之一。

雖然有很多象徵日台密切關係的事物，但台灣高鐵可說是其中的代表之一吧。在日本接受培訓的台灣高鐵乘務員，說了以下的心得：「日本的待客非常有禮貌，我們也會多加練習，希望能學到『款待』之心。」我沒想到還有這種形式的日台交流，所以深受感動。

去年夏天因為東京確定舉辦奧運，所以日本的報章雜誌上很常看到「款待」這樣的字眼。二〇〇五年底，我也為了在日本跨年而與家人一起到訪了名古屋和關西地區，還記得當時搭乘了新幹線，對車上服務的美好感到非常敬佩。

新幹線的乘務員在進出車廂時都會很有禮貌地鞠躬致意，也能對乘客體貼入微；走道和座位一塵不染，廁所也經常保持清潔；顯示在電子螢幕上的目的地天候與氣溫，也是服務乘客的表現之一，最後我們搭乘的新幹線依預定抵達時刻準時駛入月台。

我平日經常評價的日本精神，就是經由誠實、認真、同理心和無私之心，以及嚴格守時這些元素所勾勒出來，而具體展現出這些特質的就是日本的服務，其成果不也可以說是「款待」之心嗎？

當我再一次強烈地堅信日本人身上的這種精神是非常出色的同時，也因為親眼看到日本社會至今依然不失這種精神而感動。

在這樣的服務領域裡，台灣能向日本學習的地方還有很多很多，我期待台灣的服務能透過新幹線的日台交流而獲得提升。

雖然開場白有點長，但日本和台灣的關係是如此的深切，到現在日本過去的風俗文化還留在台灣的生活裡，就算處於瞬息萬變的國際情勢中，我還是忍不住覺得，日台之間的羈絆會在未來變得越來越深。

我在今年一月迎接了九十一歲到來，前年十一月我接受了大腸癌手術，接著又在去年七月於頸動脈中放入了支架，我感覺自己也終於來到了不得不去意識到自己所剩

1　編按：指二〇一四年。

時間的處境。

我到二十二歲之前都是在全然的日本教育下長大，所以這本書揭露的，可說是原本身為日本人的李登輝，他的精神世界，同時也揭露了像我這樣的人是如何演變而來，還有我如何評價日本精神和武士道這些享譽世界的優秀資產，以及祖國台灣的現狀與未來、長久以來處於「單相思」的台日關係和左右國家方向的領導者條件與修煉等等，本書可說是集我平日思考之大成的豐富之作。

不管是夜晚就寢還是早上起床的時候，閃過腦中的都是台灣接下來將會變成什麼樣子的念頭，與此同時，也對日本不再那麼掛心，我想這是因為安倍晉三首相在前年十二月時再度披掛上陣，所以多虧於此，讓日本長期迷失其中的黑暗隧道，射進了一道亮光。

日本與台灣是命運共同體，只要日本能夠重生，台灣一定也會受到影響而煥然一新。雖然中國的崛起已經被大家說了好久，但我敢斷言，除了日本之外，沒有其他國家有資格作為亞洲的領導者。我認為日本經濟的重生，可說是把台灣人的關心目光從中國的龐大市場與經濟轉向日本的絕佳機會。

在本書原稿進入最後校稿階段時，突然傳來反對「海峽兩岸服務貿易協議」生效的學生們攻占了立法院的新聞，在我撰寫這篇前言時，學生們已經占領了兩週的時間，雖然無法預料到會迎來什麼樣的結果，但我還是想說出我的想法。

現在想起來，二十四年前，恰好也是在這個相同的季節，那是就算身處南台灣，也會因早晚溫差而變冷的三月時期，依然還是以台灣大學的學生為中心，在台北市的中正紀念堂靜坐和絕食抗議。

事情的起因是為了抗議那些數十年來未曾改選的國民大會代表，在他們臨退之時要求高額的退休金和年金。這場靜坐活動經過報導後，學生和支持者開始陸續聚集在中正紀念堂，我記得最後人數規模超過六千人。

在此之前，三年前的一九八七年，儘管已經解除了戒嚴令，但國民大會的「萬年議員」還是賴著不走坐領乾薪，其依據就是台灣與中國大陸仍然處於內戰狀態時，為了掣肘憲法功能與國家總動員而設立的《動員戡亂時期臨時條款》。

學生們提出解散萬年國會、廢除《動員戡亂時期臨時條款》、召集民間有識之士舉辦國是會議，以及提出民主改革時間表這四大要求，並送到政府，也就是擔任總統的我面前。

對我來說，當時的我的確是擔任總統一職，可是話說回來，那其實是一九八八年一月，在蔣經國總統的驟逝下，由身為副總統的我依據憲法所繼任，所以有很多人都把我看作是「機器人總統」。

事實也是如此，在國民黨內只要沒有派系就不會有作為後盾的大老在，所以不管是軍隊還是情報機關，都無法掌握的我，會被這樣看待也是理所當然。

就任總統後，我立刻表明將會繼承蔣經國的路線，因為最優先需要解決的問題就是，抑制因為蔣經國總統驟逝而引起的黨內騷動和安定台灣的社會。

為了推動台灣的民主化，我非得獲得國大代表支持，經由選舉成為名符其實的總統不可，為此，在代理總統任期結束的一九九〇年春天，我計劃與副總統候選人李元簇一同爭取支持，投入一刻也不容輕忽的選戰。

儘管黨的臨時中央執行委員全體會議已經在二月提名我們為正副總統候選人，但在隔月的國民大會正式決定之前，由非主流派勢力主導、想要翻盤的政變工作正開始白熱化，所以我每天都處於戰戰兢兢的狀態。

然後就在這個時刻，學生們開始靜坐，剛好是我等待國民大會總統候選人提名的隔天，也就是三月十六日。

原因在於幾天前的三月十三日，國民大會於台北市郊外、陽明山半山腰上的中山樓舉行了代表大會，全場一致通過《動員戡亂時期臨時條款修正案》。具有法律期限性質的臨時條款，自一九四八年頒布以來，其有效期限經由國大代表之手加以延長的惡例，每年都會理所當然地上演。

可是在開始聽見民主化胎動的這一年，學生們會開始在中正紀念堂靜坐，抗議那些緊抓高待遇特權不放的國大代表，藉此表明人民的怒火，也是理所當然的結果。

學生們的聲音就如燎原之火般蔓延開來，期待民主化的聲音也隨著時間經過而壯大起來。於是我在學生們開始靜坐的隔天，就透過電視對人民呼籲，要他們冷靜並保持理性行動，同時也再度聲明政府方面會加速民主改革，藉此回應他們的訴求。

為了平息日益倍增的人民之聲，我在十九日表明「會在一個月之內召開國是會議」，並於隔天的二十日，到立法院與在野黨協商國是會議的召開，同時決定了「終結動員戡亂時期」與「提出民主改革時間表」這兩項針對總統的建言。

事實上，學生們的要求與我自己想要推動的事，無疑是完全一致的。二十一日，雖然政局因為學生運動而有些微混亂，但我還是取得國民大會支持，勝選成為總統，於是趕緊邀請學生代表到總統府，讓我直接傾聽他們的聲音。

坦白說，本來應該是由我這邊前往學生們靜坐的中正紀念堂，但國家安全局以「無法做到萬全的戒備，恐怕會有遭遇不測的情況」而強力反對，因此，我只能在傍晚坐車環繞中正紀念堂周圍一圈，來看看學生們的情況便返回。

根據紀錄，我所會見的學生代表共有五十三人，他們應該也感到困惑吧，因為白天派秘書長前去傳達「學生代表請到總統府來」，可是我記得他們來的時候已經超過晚上八點了。

我記得自己對他們勸導：「各位的要求我已經充分瞭解了，所以請聚集在中正紀念堂的學生們盡早回學校上課吧，外面天氣很冷，趕緊回家吃飯吧。」

他們返回中正紀念堂討論，結果宣布將於隔天早上解散，聽到這件事後，我打從心底鬆了一口氣，這當然是因為我心裡有推動民主化的想法，可是有更多卻是因為我無法坐看學生們在寒冷顫抖中持續靜坐，希望他們能早日回到校園或家庭。

今年三月十八日，雖然因為學生占領立法院而引發了「太陽花學生運動」，可是即使經過了兩週，到現在馬英九總統仍然不願傾聽學生們的聲音，僅僅只是用「服貿協議如果繼續延宕下去，將會關乎台灣的信用，學生們占領立法院的作法違法」的說法來轉移根本問題上的注意力，而堅持「服貿生效」的態度。

在此，我想要強調。

占領立法院的學生們有學生們的意見，他們的行為也是為了國家著想，在現場的學生們沒有一個人是為了個人的利益而靜坐，他們何罪之有呢？馬總統應該盡早聆聽他們所說的話，努力讓他們及早返家或返回學校。

在本書內文裡也有提到，一個領導者的腦中一定要經常想到「國家」和「國民」，因為我深信領導者應該盡可能傾聽人民的聲音，在苦民所苦的同時，以誠意具體回應他們的訴求，並尋求解決之道。以我過去同樣身為總統的立場來看，一想到馬總統完全只有考慮到「黨」和「中國」，就深感遺憾。

話雖如此，在這十幾天裡，學生們對台灣展現出來的熱情與理想追求，都為台灣帶來了光明的希望。接著在三月三十日，於總統府前舉辦了一場反服貿黑箱大遊行，結果台灣史上前所未見的五十萬人（據主辦單位宣稱），把整個總統府前廣場都給淹沒了。

其實那天我也想去參加，可是我的二個女兒和孫女都叮嚀我：「你的感冒不是還沒完全好嗎？讓我們代替你去就好了。」

孫女回家之後，興奮地跟我報告：「真的來了好多人，我都動彈不得了，沒想到會有那麼多台灣人站出來呢。」我一邊聽著，一邊開始對這些學生們帶有感謝之意，這是因為他們讓大家知道，所謂的民主主義並非只是握有投票的權力，而是在人民主動參與政治時，透過監督政府才得以實現。

總而言之，我堅信這場學生運動已經為台灣民主主義的未來與發展帶來了偌大的影響，學生和人民已經透過身體力行展現出人民才是國家的主人，台灣的未來是由台灣人來決定。身為領導者的馬總統應該正視問題，為了台灣的發展積極地去努力解決。

我雖然持續憂心這場學生運動會迎向什麼樣的結局，但在另一方面，可以確定的是，這是台灣民主主義發展在全世界曝光的契機，我想這是身為台灣人的一分子，所擁有的無比喜悅與驕傲。

目錄

第二章 中國歷史與「兩個中國」

第三章 釣魚台列嶼與日、台、中

第四章 重生的日本

第五章 領導者的條件

第六章

「武士道」與「奧之細道」

第七章 今後的世界

第一章

李登輝的台灣革命

攝影—淺岡敬史

苦於自我的少年時代

我的父親李金龍，在自日本警察學校畢業後的數十年間從事刑警工作。當時在台灣能接受警察學校這樣高等教育的人極少，與接受公費從師範學校畢業的教師並列，可說是菁英階級的一環。

母親江錦則是地方村長的女兒，加上家中同時經營雜貨店和肉販店，於是我在這樣經濟無虞的環境下成長。

父親一直工作到屆齡退休後，便回到故鄉三芝，擔任過水利會組長與農村公會的經理等，戰後則當上縣議會議員。因為父親在從事警察工作期間經常調動單位，我在小學六年之間就換過四所學校，也因此不太容易交到朋友，只能一個人畫畫、讀書來消遣時光。這樣的經歷，讓敏感的少年變成有些內向卻又自我中心的人。

我雖然有一位兄長，但因為交由祖母照顧，因此母親對我較為溺愛，比如吃飯時，會從販售的豬肉商品中，將最好的部分切出來讓我享用。在這樣百般呵護的情況下，我自覺到「如果再過著這樣嬌生慣養的生活，自己終將一事無成」的危機感。

而且我從小脾氣就較為剛烈，也有很強的社會正義感。家裡身為地主，每每看到繳租的農民苦苦哀求著希望能續租時，就會疑惑同樣身為人，為什麼會有這樣的階級差別呢？因而在幼小的心中感到憤怒。

可能是自我覺醒的時機較早，又因教育而更進一步加速，我對自己的執著越來越強烈，也越發不願妥協，因此也常常讓母親哭泣，母親對兒子超乎預期的自我中心與情感強烈，應該只能感到驚訝吧。

因此，我跟母親商量取得離家許可，轉學到離自家大約十五公里外的淡江中學，開始了陌生的住宿生活。

這個「獨立」的經驗讓我體會到，人類是透過各種人際關係來經營生活，若是在他人家裡生活，不論你喜歡與否，都不得不想想自己的立場，就像日本諺語所說：「寄人籬下矮三分。」[1]

為了克制日漸強化的自我，我讀鈴木大拙的書並開始坐禪，或是在冬天跳入河川裡，進行修練般的活動。在學校我也搶著做別人不想做的工作，在名為「使役」的志工活動時間裡，拜託老師「請一定要讓我打掃廁所」，盡可能挑選困難的差事來做，測試自己能不能承受苦差事，這是我給自己的最大挑戰。在京都帝國大學時期，因戰

1 編按：原文「居候、三杯目にはそっと出し」，意思是寄人籬下時，吃飯若還想再添第三碗，就不能如在自己家一樣自在，得表現客氣，好好考量自己的立場。

況激烈而被召募為學徒兵時，也以「請讓我加入步兵」自願請纓，而遭人訕笑「為什麼想到那種地方去」。

犧牲小我完成大我

在進入舊制高等學校後[2]，雖然不論西方還是東方的典籍我都有閱讀，但我最熱衷的還是日本思想家與文學家的書籍，日本思想也因此在我身上落地生根。

由岩波書店出版的《夏目漱石全集》，我讀了無數遍；鄉下少年上京後在煩惱中成長的《三四郎》我也很愛讀。而當時很受高中生歡迎的阿部次郎，我讀過他的《三太郎的日記》後，對於人們認為用自己的方式，竭盡所能地活下去，就會獲得回報的想法感同身受。苦於自我的我，在讀倉田百三的《出家及其弟子》時，最後親鸞面對違背教誨、陷入戀愛而「否定一切」的兒子，以「那樣也好，大家都得救了……這是美好和諧的世界啊」來給予兒子「完全肯定」的諒解，看到這個臨終之時的場景，我非常感動。

至於西方經典文學，影響我最大的是歌德的《浮士德》和湯瑪斯．卡萊爾的《衣裳哲學》，《浮士德》我甚至已經反覆閱讀到可以背誦序幕的程度。與惡魔梅菲斯特立下契約而人生重來的浮士德，一旦感嘆「人生，此已足矣」，就要將靈魂交出，最後對著一切和諧的國度脫口說出「逗留一下吧，你是如此之美」，就在靈魂將要被奪取的瞬間，浮士德的罪得到了淨化，他的靈魂在天使們的守護下升上天堂。

《衣裳哲學》中的「衣裳」，表示宇宙的各種象徵、形式、制度終究不過是暫時的外衣，其本質隱藏於其中的意思。換句話說，深奧的哲學也是作為形式影響行為才開始變得有意義。在現實中發掘我們的理想是最重要的，而且，絕不是為了自己，而是必須抱持肯定一切的態度來為人們而為之。

年輕時的我，因閱讀而得救，並找到人生的目標。從這些經典中所學到的是該如何保有自我，把自我否定反轉為肯定自己的一切，也就是犧牲小我來完成大我，讓自己能夠肯定一切，我就是藉此達到唯心論的思考方式。

2 編按：原文「高等学校」並非今日的「高中」，而是日本在一九五〇年之前所設立的高等教育學校，現稱「舊制高等學校」。

一面倒向馬克思主義

我的大學生活分為京都帝國大學時期與國立台灣大學時期。

一九四二年，我進入京都帝國大學農學部農林經濟系就讀，至於為什麼會選擇農業經濟學，我有一些想法。

其中一個是，我從小就對農人為了維持耕作權，而在每年中元節和歲末時，向家裡送上許多東西感到不可思議。還有高中時期教授歷史的鹽見薰老師，用馬克思主義的史觀來談中國的歷史，對我產生了影響。而且，我認為農業問題攸關了台灣的未來。然而，在決定升學方向上，給我帶來最大影響的是遇到了某位「人生導師」。

前文提到卡萊爾的《衣裳哲學》，是我在台北高等學校求學時第一次讀到的，因為當時讀的是英文原文書，所以讓我在這裡引用一些日文翻譯吧。

就這樣，「永遠的否定」命令似地響徹於我的存在、我的自我之中的每一深處，也正是在此刻，我全然的自我因為「永遠的否定」而帶著上帝所創的既有威嚴站立起來，強而有力地陳述出它的抗議。

這文章即使是看日文翻譯也很難理解不是嗎？可是對於當時不斷追尋「自我」與

「關於死亡」解答的我，可以感受到其中的概要正在我身體裡滲透，於是受到想知道更多的衝動驅使，我流連於台北市內的書店和圖書館，飽覽了國內外的相關書籍，但對於我究竟遇到了「什麼」，卻一無所獲。

在這種狀態下的某一天，我在台北市內最大的公立圖書館中，偶然看到一本演講集，那是過去隸屬台灣總督府，對台灣製糖產業發展多有貢獻之新渡戶稻造的演講集（《衣服哲學：新渡戶先生的演講》，高木八尺編，研究社出版，一九三八年）。

新渡戶先生每年夏天都會召集從事台灣製糖業的年輕菁英，於輕井澤開設特別研討會，其中的主要教材就是取材自卡萊爾的《衣裳哲學》。當我把那本泛黃的「演講集」拿在手中時，感到意外地雀躍。然後我讀了無數遍，對於原書中自己很難讀懂、從「永遠的否定」昇華到「永遠的肯定」的部分，終於能夠明確掌握。仔細讀過細心詳盡的演講集後，我對從年少時期就一直追尋「人為什麼會死」和「活著是怎麼一回事」這樣存於自己內在的 memento mori[3]，也就是面對死生觀時的苦惱[4]，終於獲得

3 編按：拉丁文，意思是「記得（你終會）死亡」。

4 編按：中文的「生死觀」是「對生與死的看法」，沒有次序問題，但日文的「生死觀」是指「透過生來看待死的看法」，反之，「死生觀」就是「透過死來看待生的看法」，因此二個寫法會根據宗派、流派或個人的思考方式來呈現，本書使用「死生觀」，而且作者的立場也是如此，故本書裡全都譯為「死生觀」。

了化解。

這一刻，我記得自己由衷佩服新渡戶稻造這位日本人，而這份感激也大大影響了我的升學方向，因為我期望自己能夠試著去專研新渡戶先生過去所主修的嶄新學問領域──「農業經濟」。

在進入大學前後的這段時間，我開始讀新渡戶先生針對農業經濟學的代表性論文《農政講義》，同時也把他所有的著作和論文全部讀完，在這個過程中，最後讀到的是他在國際上也大獲好評的《武士道》，從此我對新渡戶先生的崇敬更甚以往。

《武士道》的作者在回答「日本人是如何實施道德教育」的結構下闡明了日本人的精神，另一方面也闡明了西方哲學大師們的艱澀哲學著作，讓我感受到他深刻的涵養，對新渡戶先生身為「國際人」所持有的廣闊世界觀留下了深刻的印象。因為如此，我才會說新渡戶稻造是「人生的導師」。

京都帝國大學時期可說是戰爭最激烈的時候。我住在德國傳教士蓋的「日獨寮」裡，在連食物也沒有的飢餓生活中，把馬克思和恩格斯的著作全部讀完，從他們年輕時的論文到《資本論》都仔細讀過，尤其《資本論》更是反覆讀了好幾遍。

不過，我在京都帝國大學只待了一年，一九四三年時被徵召為學徒兵，進入大阪的第四師團，曾一度回到台灣進行基礎訓練，之後因為到千葉縣稻毛的陸軍防空學校接受預備士官訓練，所以被分配到名古屋的高射炮部隊擔任陸軍少尉一職，那時的連日空襲，讓我忙著救援難民。

終於等到戰爭結束，從名古屋第三師團的第十軍司令部出來，一度回到大學，一年後雖然回到了台灣，但在此之前，我去了原爆災區的廣島、長崎等許多地方，所到之處不論哪個城市都因為轟炸而遭受破壞，狀況慘烈。

雖然我一直以來思考的都是自我的問題，但經過這個經歷，我深刻感受到人類需要更好的環境，也學到不該輕視物質層面。

倒向馬克思理論，以唯物論者的身分潛心研究農業經濟，我想這就是讓我從唯心論的一面倒情況中解放出來，並開始著手改善社會公平與制度問題的良好契機。

但是我的想法裡仍然有所迷惑，因為「一味重視物質不是也很奇怪嗎」的疑惑始終縈繞在我腦海中。身體與心靈，兩者都是人類生存所必需，沒有心靈的身體是沒有意義的，不具備身體的心靈也是不可能的，經過這樣的思考過程，我開始思考神的存在與否。

一九四五年十月二十五日，國民黨軍的台灣省行政長官陳儀從上海搭乘美國軍機來到台北，發表聲明：「今天開始，台灣是中華民國的領土，所有的土地及居民都將安置在國民政府的主權之下。」從這一天開始，台灣完全脫離了日本的掌握。

從神奈川縣的浦賀港搭上日本政府準備的船隻，此時的我已不再是日本人，而是以台灣人的身分返鄉，因此迷失了生存的方向，這是一九四六年的事。

「狗去豬來」與228事件

台灣在日本的統治下度過了半個世紀，期間最大的變化是，台灣從傳統的農業社會轉變為近代社會，因為日本在台灣引進了近代工業資本主義的經營觀念。而新教育制度的引進也培養了近代的國民意識，因此讓台灣人意識到自己的地位相對低於日本人，於是「台灣意識」在此時萌芽，產生了「台灣人的台灣」這樣的想法，這也是日後成為對抗在中國的國民黨之力量。

相較於因為日本五十年間的殖民統治而趨向近代化的台灣，中國大陸則是延續了從清朝末年的混亂到國民黨與共產黨之間內戰的非常時期，而處於跟不上時代的狀態。因為台灣人受到日本很多的影響，無論在社會還是在思考方式上都和中國完全不同，文明程度有極大的落差。

在中國那樣「落後」的蔣介石國民黨軍隊，最後揹著鍋釜、穿著草鞋來到近代化的台灣，穿著正式服裝到基隆迎接中國軍隊上岸的台灣人，看到他們衣衫襤褸，與軍靴震天響、軍容整齊劃一的日本軍完全不同，全都驚訝不已。

因為日本戰敗，台灣從日本統治改由國民黨支配，其官員、軍人等公務人員的貪汙瀆職橫行，讓台灣面臨了非常糟糕的局面。

在台灣有個說法叫「狗去豬來」，「狗」指的是戰前統治台灣的日本人，而「豬」指的是從中國大陸來的中國人。狗吠雖然很吵，但是當作看門犬還是有用，相比之下，豬只會吃什麼也不會做。這表示台灣人認為，跟大陸來的中國人相比，還不如日本人來得好。

失業人口增加，產業停滯不前，物價跟著上漲，還受到中國大陸內部的情況影響，台灣陷入了糟糕的經濟混亂。國民黨政府說：「台灣已經回歸祖國，台灣人是中國人。」但是台灣人民卻對「回歸祖國」後，反比日本統治時期還要不堪的社會感到嘆息。

中國大陸來的外省人與本省人（台灣人）之間的反目之所以浮上檯面，是因為一九四七年發生的「228事件」。

事情的開端是，在台北市販售私菸的女性遭到取締人員的暴力相向，於是在二月二十八日發展成台灣全島的暴動，那是台灣人對國民黨政府的抗爭運動，也是台灣人第一次面對外來政權的抗爭。

這場暴動的核心有從日本軍隊復員、看到更甚於日治時期的慘狀而感到憤怒的人們，所以２２８事件也可說是日本與中國的「文明衝突」。

當時，蔣介石雖然人在中國大陸，也認同當局的取締行為過當，而提議於各城市設立「協調委員會」來傾聽台灣群眾的不滿和意見，由市長、議員或各縣委員擔任指導的角色，開設集結有能之士的討論平台。

帝國陸軍少尉岩里政男，也就是李登輝，在復員返台後，就讀於台灣大學四年級，去了準備在台北舉行委員會的會議，我在門外聽到談話內容後，發覺「委員會不過是在軍隊進駐前拖延時間罷了，這下糟糕了！」

換句話說，台灣的警察、軍隊因暴動而無法脫身，於是國民黨的長官陳儀只是藉由商談的名義拖延時間，實際上卻是跟人在中國大陸的蔣介石總統請求軍援。結果在２２８事件發生後一週的三月八日，大規模的國民黨軍隊登陸台灣，逮捕、虐殺了抗爭運動一方的領導者們。

當時知識階層的菁英們幾乎被趕盡殺絕，國民黨片面認定本省的知識分子為共產主義者，而施行「白色恐怖」，當時的犧牲者據說超過三萬人。

台灣歷史的黑暗時代

從我經由一般選舉當選總統的時代來回首當時，可說是破曉黎明……。司馬遼太郎的《台灣紀行》[5]中，寫下了以下的內容：

台灣在戰後受到從大陸搬遷而來的國家（中華民國）權力統治，那對本島的人來說，就像斷頭台的刀刃般可怕。現在上了年紀的人們，沒有人不曾不抱有一絲不安，不知那刀刃何時會落在自己的脖子上。

舉例來說，擁有美國國籍的三十歲天才數學家，一九八一年七月三日的早晨，被發現陳屍在台灣大學的校園裡，傳言說他提倡「台灣獨立」。

「他是畏罪自殺。」

當時，台北的警備當局似乎是這樣對外發表。（出自若林正丈所著《東亞國家與社會②台灣》[6]，東京大學出版會出版。）

5　編按：《台灣紀行》是司馬遼太郎《漫步街道》系列中的第40冊。

6　編按：原文的《東アジアの国家と社会》，是東京大學出版會出版的一系列叢書，這裡的出處是系列第二冊，由若林正丈所著，其繁體中文版書名是《台灣：分裂國家與民主化》，由新自然主義出版。

在那之後又過了很久，加入國民黨的我在一九九五年建立了２２８事件的紀念碑，並以總統暨國民黨黨主席的身分正式謝罪，對犧牲者的補償問題展開行動。但若說起當時的我在哪裡，我是在被鎮壓的那一方。

生為台灣人，在考量台灣未來的同時，我也是正在學習農業政策的熱血青年，在當時是不可能把自己關起來什麼都不做的。

在事件當下，人們是怎麼想的，是怎麼行動的，恐怕只有生存在那個複雜年代的人才能了解。我好不容易從「２２８事件」中倖存下來，並熬過了「白色恐怖」的年代，不過，以此事件作為契機，也讓我真正體悟到信仰的必要性。

在那之後，一九四九年八月，從中國大陸逃出來的國民黨把整個中華民國搬到台灣來，開啟了蔣介石總統統治台灣的時代。

蔣介石以來的排日教育世代

說著「以德報怨」而放棄日本的戰爭賠償，這樣的蔣介石雖然非常受到日本人讚賞，尤其是保守派的人士，可是在那之後，蔣介石的國民黨政府其實施行了徹底的排日教育。

學校開始教授「偉大的中國」歷史，那偉大的五千年歷史會在下一章詳述，但簡略來說就是只有皇帝和王朝的名稱改變，長期的停滯不前罷了。由皇帝統治的大中華帝國，即使改變了名稱，改變了朝廷，也只是不斷地重蹈覆轍。清朝延續之前的明朝，明朝延續之前的元朝，而元朝也是延續之前的宋朝，這就是「法統」，也就是相異的一族皇帝與王朝不斷更替來治理大陸的中國歷史，再以法統的形式來鞏固皇帝個人的財產、地位及權勢罷了，除此之外什麼也沒做。

向這樣的中國學習，會是什麼情況？只要講日語就會被處罰，也不准觀看日本的報紙、雜誌、電影等，徹底施行了排日教育。在此同時，也發布了長達三十八年的戒嚴令，奪走了言論自由、結社自由以及所有的一切。

因為這個緣故，和七十歲以上、生長在日治時代並喜愛日本的台灣人相比，五十幾歲、六十幾歲的第二代反而變成了反日，而那個世代，就是在我卸任總統之後，以陳水扁、馬英九為首的台灣領導者們。換句話說，二〇〇〇年以後的總統與其身邊的人，都是在那個接受反日親中教育的時代中成長的人。

我從總統任內的一九九七年開始，於全台灣採用一本名為《認識台灣》的中學教科書，首次給台灣歷史賦予作為國史的地位。

在這之前，全都只有教授中國大陸的歷史和文化，我在與司馬遼太郎先生對談時，他提到自己聽聞台灣年輕人說，台灣小學和中學的教育要從神話傳說時代的三皇五帝開始記下他們的名字，一直記到清朝最後的皇帝——宣統帝——為止，這讓他驚訝不已，直說：「雖然大家都已經可以背誦，但這毫無用處啊！」的確是如此。

另一方面，與我們切身相關的台灣歷史和文化，卻幾乎沒有記載。原本認識台灣人的歷史和文化，是日治時期非學不可的，然而，戰後從中國大陸來台的為政者，因為害怕讓人知曉自己失政的歷史，於是隱藏了後藤新平和新渡戶稻造等日治時期的偉人政績，並於教課書中寫下全面否定日治時期的內容。

我想要藉由學習台灣真實的歷史，讓台灣脫離「法統」歷史的支配與束縛而成為具有主體性的民主國家，建立台灣的認同。這是在我在擔任總統的短短十二年間，在沒有流血的情況下，把台灣社會從獨裁體制轉變為自由、民主的其中一項「無血革命」，接受這個時代的教育而成長的，就是四十歲以下的第三世代台灣人。

但是這本名為《認識台灣》的教科書，卻在民進黨的陳水扁政權下被廢棄了。像陳水扁這樣的第二世代，一旦當上台灣總統後，因為他所受的反日親中教育，反而使得民主主義倒退，自己的行為就像當上了皇帝一樣。所謂的民進黨，在日本雖然被大家認為是「以台灣獨立為目標，為了台灣人而成立的黨派」，但它的實際情況卻只是受到中國影響的皇帝型統治。台灣絕對不能有皇帝政治，但就算從陳水扁總統變成國民黨的馬英九總統，卻都是這樣執政。

從這件事就可以知道，教育是如何的重要。從台灣大學以第一名畢業的陳水扁，與在日本舊制高等學校和帝國大學就學的李登輝，這樣的兩個人在想法上的不同，到底是從何而來呢？陳水扁的政治結局，基本上是怨恨和痛苦的，而我的情況，只是一心想著要給國民好的生活，因為我並非政治家，而是抱著為民奉獻的心去做，陳水扁與李登輝的如此差異，就是從教育而來的不同。

日本戰前的菁英教育曾經非常優秀，因此，戰後不管是ＧＨＱ[7]還是日教組[8]的片面貶低日本教育，都是絕對需要改變的，所以我非常期待安倍首相的教育改革。

7 編按：盟軍最高司令官總司令部（General Headquarters），在日本通稱為「ＧＨＱ」，是第二次世界大戰結束後，麥克阿瑟（Douglas MacArthur）將軍為了執行美國政府「單獨占領日本」的政策，而以「駐日盟軍總司令」的名義，在日本東京都建立的單位。

8 編按：日教組，全名「日本教職員組合」（Japan Teachers' Union），是二次世界大戰後，占領日本的盟軍最高司令部（ＳＣＡＰ），為了推動日本民主化而設立的教職員組織，是日本最有歷史、規模最大的教職員工會。

加入國民黨

我加入這個打壓本省人、施行排日教育的國民黨，是一九七一年的事。台灣農業的疲弱在一九六七年左右變成了嚴重的問題，當時的我自康乃爾大學取得農業經濟學的博士學位歸國，是國內外皆知的學者，因此被當時的行政院副院長蔣經國所延攬。

蔣經國想要借助我的學識來復興農業，而當時的台灣農民因為受到政府壓榨，顯得疲弱不振，農村人口也開始減少，所以我想，無論如何都要重新賦予農民生機不可。

就像一九六〇年代日本池田（勇人）的第一次政權時代，為日本農業帶來了大轉機，台灣也在此時進入了高度成長期。開始工業化後面臨勞動力不足和工資上漲，而短缺的部分並沒有經由收購農地來吸收棄農的勞動力，因為此時還是偏重農業的時代。

為此我率先提出應該廢除現行的以物易物模式，因為當時的台灣農民仍是用收成的穀物去交換肥料，收穫越多時，所能獲得的肥料自然也越多[9]，雖然看似能夠鼓勵農民，但充其量也只是權宜之計，如果是以近代化為目標，就應該以合理的價格來收購農產品，藉此鼓勵農民儲蓄才是。

讓農民用自己的儲蓄來購買肥料，這才是政策，不是嗎？蔣經國採納了我這般的建言，自隔年的一九七二年開始實施農產品的收購。

一九七二年蔣經國當上行政院長，為了轉型走向重工業，而開始著手準備稱為「十大建設」的基礎建設，並開始實行「加速農村建設方案」的計畫，為近代化與農業發展推出政策。

我與蔣經國見過面後，他勸我加入國民黨，但我並不喜歡國民黨，也對政治毫無野心，老實說，心情是五味雜陳。但最後，我還是選擇置身體制內來改革台灣的這條路。對於經歷過白色恐怖時代的我來說，這樣的判斷或許是我潛意識裡認為：「最危險的地方也是最安全的地方」。

不過，在勸我入黨之前，他也徹底調查了我過去的活動，大約整整一個星期，警備司令部幾乎每天都召我過去，從早上訊問到深夜，尤其詢問了許多關於228事件發生當時的事。

9　編按：台灣在二次大戰後，從一九五〇年開始，施行「肥料換穀」的農業經濟政策，農民要取得政府獨占的化學肥料，就必須用稻穀按官定比例與政府交換。

當所有訊問結束後，我算是消除了嫌疑時，審訊官說了奇怪的話：「敢用你這樣的人，大概也只有蔣經國吧！」

之後蔣經國當上行政院長，我則被任命為政務委員，此時我才終於了解審訊官的話，因為蔣經國當時就已經決定要任用我，所以這些政權的幹部才會開始調查「李登輝的過去」。

蔣經國學校

蔣經國是蔣介石的長男，因父親離開母親毛福梅去與宋美齡結婚，而憤慨地加入中國共產黨。十四歲時前往莫斯科，進入培育共產黨員的東方大學（東方勞動者共產主義大學）就學，似乎與鄧小平同期。

然而因蔣介石而起的上海４１２事件，國民黨與中國共產黨形成對立，其子蔣經國成為實際上的人質，最後被送往西伯利亞強制勞動，蔣經國的夫人就是在當時助他一臂之力的俄羅斯女性。一九三六年在蔣介石被張學良挾持軟禁的西安事變中，促成了第二次國共合作的契機，於是蔣經國從蘇聯回國，與父親和解並加入國民黨。

我常說自己畢業於「六年制的蔣經國學校」，我從蔣經國身上真的學到許多關於政治的事，貼身共事讓我多次感受到他的厲害之處，其中之一就是他在擔任行政院長期間，裁判了自己親戚擔任人事行政局局長的貪汙，宣判十五年以上的刑期。如果是他的父親蔣介石，應該是無法做到這一點的。事實上，蔣介石似乎曾說：「經國做過頭了。」但蔣經國對此仍用堅決、毫不猶豫的態度以身作則。

他毫無疑問是一位政治家，與他相比，當時的我只是一介學者而已。我在擔任政務委員期間，蔣經國把我看透了，知道我會為了台灣而拼命提出政策。

身為政務委員，每當要出席外交或交通相關的重要會議前，我都會把問題反覆思考，並事先想好結論再出席會議，然後積極地提出政策。而身為會議主席的蔣經國則是聽著我的提案，最後才做出結論，這個決策過程可說是政治家所該具備能力。

從我的想法和他所下的結論來思考不同之處，讓我獲益良多，究竟他和我的想法有哪裡不同呢？啊，原來如此，我沒有考慮太多政治因素，或者是我沒考慮到人民的事，只想著理論而已，這裡面讓我學到了很多。

我在蔣經國身邊當了六年的政務委員，雖然由蔣經國擔任主席的會議常常伴隨著接連不斷的緊張，但這真可說是我的「政治學校」。我想，我身為理論家與政治家的成長，皆要歸功於自己在「蔣經國學校」的這六年。

從台北市長、台灣省主席到副總統

從一九七八年開始的三年半，我擔任了台北市長，當時台北市與大阪市為姊妹市，因此我不但視察過大阪市的都市計畫，也關注了神戶市。

當時的神戶市長是宮崎辰雄，他雖然以打造PORTOPIA博覽會[10]而聞名，但他實施的其他各項都市政策也都獲得了各界的高度評價。

因為我原本就是農業經濟學者，所以從神戶都市問題研究所出版的《都市經營之理論與實踐》開始，購買所有與都市經營相關的書籍，認真學習。

台灣首次引進電腦設備也是在我台北市長任內，因此，過去負責各種交通相關業務之窗口所無法處理的事項，例如，核發駕照和交通罰金的繳納等，都簡單獲得了解決。

當時汽車的普及正急速發展，交通事故越來越頻繁，但相關事務的處理卻停滯不前，警察也應接不暇而放手不管。

而且政府和民間的道德因為戰後的中國式教育而淪喪，違反交通規則的市民，大多理所當然地拿著罰單去找當地的議員，議員多少都有收受政治獻金，於是便向警方施壓，結果數量太多，有些議員也不得不自掏腰包來繳付罰款，為了填補這些「損失」，議員們便有了收受賄賂的藉口而陷入了惡性循環。

為了解決這樣的問題，我把交通違規事件全部交由電腦系統處理，結果如山丘般高的違規罰單在不到三個月的時間內就快速清空了。

雖然有很多議員跟我抱怨：「託你的福，讓我們少了一條財路。」不過，也因為如此才能以此為契機，從源頭切斷了社會全體的腐敗、墮落與職務怠惰的惡性循環。

這樣的改革不只是在交通行政方面，更擴及土地登記、房屋建築申請，以及營業許可申請等眾多部門，結果台北市的行政獲得了全面的極大變革。

另外，台北市的立法院選舉也利用電腦系統管理，可立即統計、整理。投票於五點結束後，其他縣市要統計到隔天早上，而台北市只要三個半小時就能發表結果，媒體為此都大感驚訝。

至於亞洲最大供水大壩的建設，只要水壩正常運作，就能確保台北市在今後的百年間無缺水之虞。我還完成了排水工程，以及處理垃圾的三座焚化爐，因及早著手，所以台北至今都沒有發生垃圾問題。

10 編按：這裡的PORTOPIA是指日本神戶市在八〇年代所進行的都市計畫，於神戶港內興建名為「Port Island」的人工島，並在完成後於一九八一年成功舉辦「神戶Port Island博覽會」，後來通稱「PORTOPIA'81」。

觀光方面結合農業和觀光業，建立觀光茶園和橘子園，實踐了招攬觀光客的發想。

為了讓上班族和公務員都能在一個小時之內回到家，不但規劃了公車路線，還開拓了特別道路和快捷道路，並製造了低底盤公車，讓一家大小能夠聚在一起共享晚餐。

軟體方面也做了許多的考量，civil minimum 就是其中一項，即提供市民最低限度的生活保障，例如交通、教育、環境等等，以市民生活中急需改善的項目來當作市民生活最低標準指數的基礎，進而評估編列預算。

透過市民大會等直接聽取市民的聲音，就算是很小的意見也會接受，然後以學生為主體舉辦音樂節，並把音樂節結合戲劇節來舉辦藝術節，還有設立大型的動物園。

為此我每天都過得非常快樂，市府不但沒有舉債，財政也非常充足。

一九八一年，我帶著市長任內的政績當上了台灣省主席，一面阻止急速自由化的土地買賣，一面培養未來生產力較高的「核心農家」，進行農村改革，之後，於一九八四年就任副總統。

我不知道蔣經國為何會指名我為副總統，但是就我個人的臆測，大概是蔣經國對於我像日本人的部分有所評價，中意我像日本人的地方，像是具備強烈的責任感，不會說謊，也不會阿諛奉承，所以才會採用了既不是國民黨員，也與國民黨沒有瓜葛的我。

基於這點，直到現在我還是非常尊敬蔣經國先生，因為他會去思考一個性格像日本人的本省人，能在什麼地方派上用場，也因為這樣，我才能得到成為第一個台灣人總統的機會。我想蔣經國先生早就已經考量過，國民黨過去以來的獨裁政治將不會長久吧。

在蔣經國擔任總統的時代，於一九八七年解除了戒嚴令，而規範報紙和雜誌報導的「報禁」也獲得了解除，然後因為黨禁的解除，才有現在民主進步黨成立的事實。

「不是我的我」

一九八八年一月十三日，蔣經國逝世，因為太過突然，也沒能見上最後一面，更沒有留下遺言。當晚八點，時任副總統的我，根據憲法繼任總統。

沒想到會略過了國民黨的有力人士，讓本省人的我當上總統，還成為了國民黨的代理主席，包括我在內，可能誰都沒有預料到吧。

我沒有權力，沒有部屬，也沒有派系，既無法命令軍隊，更掌控不了情報機關，我該怎麼辦？處於孤立的狀態，我要往哪個方向走，自己的思慮又該如何成形？能夠渡過這個難關，全是因為當時的我踏上了信仰的道路，這是理論無法說明的。

我在三十歲左右的時候成為了基督徒，我本來是非常日式的唯心論者，還會坐禪，而且從以前開始就因為抱有社會正義感，而在戰後數十年間都著迷於馬克思主義。可是唯物論最後還是沒能滿足我，因為那無法解決任何事，所以我只好尋求宗教的幫忙，在自我調整的過程中，一邊學習日本的神道和武士道，最後達到了「我是不是我的我」的思考方式。

雖然在這章的開頭也有提到，我在十五、六歲時，很認真地思考過人的生死問題，關於「人是什麼」、「死是什麼」以及「面臨死亡時，在生死之間徘徊的人是怎麼回事」，仔細地思索過這些問題後，我發現唯有在理解「自我的死」之後，才會誕生出第一次真正帶有肯定意義的「生」。

尼采在《查拉圖斯特拉如是說》中提到「最多慮的人總是在問『人如何可以自存』？」「而另一方面，查拉圖斯特拉卻是唯一在問『人如何能超越自己』的人。」

關於尼采，德國哲學家海德格說了以下的話：

生命的本質不在於自我的生存，而是因為自我超越才展露出它的本質。如此自我超越才能作為生命的條件與價值而擔負起生命，並促使生命

前行，為生命帶來刺激。

總而言之，自我超越指的是，在自己死後而誕生的事物才有其意義，所以這個用我自己的話來說，就變成了「我是不是我的我」。在我身為基督徒的身體裡面，有耶穌基督活著，這樣的我就是「不是我的我」。

這樣的自我認識是把李登輝這個人的自我排除，然後引導自己用客觀的立場來尋求正確的解決策略。

追求「不是我的我」這件事，也是讓自己經常去思考人生中的可能性，只要把那部分補足，在自我死去之後，我想一切只能交由上帝。

人生只有一次，有些宗教所倡導的「輪迴」，我認為那只是自我滿足，也是藉此來肯定「有意義的人生」。

雖然也可以把這個說成是「肯定的人生觀」，但那肯定的是在自我否定之前所展開的人生，而基督教的說法則是「自己的內在之中有神居住」，因為有這樣深愛他人的「神」居住在裡面，才能消除以自我為中心的自我，產生為他人著想的心，而這就是我是「不是我的我」的表現，把肯定他人建立在自我否定之上，用專注的精神邁向明天。

不過，有意義的「生」通常和「死」是互為表裡的關係，在我的想法裡，只要想活得有意義，就勢必要想到「死」。

這個「死」並不是說肉體的死，而是自我的死——自我否定的意思，唯有理解「自我的死」，才會誕生出肯定的「生」。這不僅是個人的生存方法，對於領導者在思考決策時也相當重要。

在東方具有廣大影響力的儒家，並沒有這樣明確的死生觀，而且原本就缺乏對於「死亡和復生」的思考。

我想一路接受儒家教養的新渡戶稻造，是否也因為儒家沒有死生觀的關係，而在最後尋求了基督教的道路，然後在基督教的新道德體系之下，於精神層面追求過去的理想生存方式，並在裡面重新發現了「武士道」作為永遠道德規範的價值，而寫出了名著《武士道》呢？

歐洲自古便有一句闡述死生觀之重要性的話，叫做「memento mori」（記住死亡），思考的就是「人生只有一次，死後的去處即是天堂」，要大家懷抱著用愛來度過有意義人生的心情。這也不僅僅是為了個人，而是為「公眾的什麼」盡心盡力而獲得救贖的歐洲死生觀，也就是基督教的精神。換句話說，只要領導者對死的態度認真，對生的態度自然也會認真，由此便能造就善政。

只要像這樣從容不迫，就沒有必要感到那麼痛苦，就算受到糟糕的對待，也能一笑置之，屆時就會漸漸獲得人民的支持，而這就是寧靜的無血革命，也就是所謂「寧靜革命」的開端。

掌握軍權

像我這樣的人會當上總統，大概只有神才知道，真的只能說是偶然，而所謂的偶然，就是除了神以外，誰也無法給予的機會。

但是就像前文所述，當時的我並沒有任何權力，不論是總統府的官員和情報機關，還是行政委員和軍隊，都是如此，是處於四面楚歌的狀況。

這裡頭對軍隊握有大權的，還有郝柏村這號人物，他擔任了八年的參謀總長，讓軍隊幾乎變為私有，他曾說過：「只要有我在，十五年內都不會讓李登輝為所欲為。」

於是，在就任總統的隔年，我讓他升任為國防部長，名義上是升職，實際上是讓他離開最接近軍隊的參謀總長之位，使他從具有實質權力的地方遠離，這是很大的人事變動。

此時的我被召喚到蔣介石夫人——宋美齡——面前，她用「Please listen to me」

（請好好聽我說）作為開場白，然後對我說：「能夠號令軍隊的只有郝柏村，我希望你不要換掉他參謀總長的位置。」

她說的是上海話和英文，而我只會不流利的國語、日語和英語，因此改用英語和寫字溝通，只要有不懂之處就用文字寫下，在那張紙條上，也有寫著「非法命令」的字樣。

她說：「台灣海峽一旦出了事，就非郝柏村不可。」而我則拜託她：「妳剛剛說的事情不太好理解，可以請妳用寫的嗎？」

正因為是宋美齡所說的話，老實說，我也很困擾，但最後我還是沒有答應她的請託。

當時仍是「黨」與「國」密不可分的「黨國」思考方式，軍隊為「黨國」所有，所以無論如何都必須讓軍隊與「黨」分離，把軍隊變成國家的從屬，不然台灣的民主化等等是看不到希望的，而且也必須培養年輕的人才，不能老是只依靠一個人。軍隊的職務，一旦擔任了幾年後就要異動，我必須用這樣的方式讓任期確定下來。

二年後的一九九〇年，經過國民大會的選舉，我在正式就任第八任總統後，馬上就把郝柏村從國防部長提拔為行政院長。如此一來，經過升職和職務調動，他便失去了對軍隊的權限。

然而，他卻對我提出要求：「說到軍隊，我是最了解的人，所以就算當上了行政院長也要讓我召開軍事會議。」「這是違憲，所以我無法答應。」雖然我這樣回答他，但他還是召開了軍事會議來維持他在軍中的權力，這在立法院也產生了問題。

此時適逢一九九二年末的立法委員選舉，因為行政院長是由總統任命，並經過立法院同意後才得以就任，只要立法委員改選，就這個程序就必須跑一遍。

於是郝柏村前來拜訪我的時候，我直接對他說：「我不打算讓你連任，讓年輕世代交替吧！」雖然他神色大變，用激動的語氣跟我展開激烈的爭論，但我還是以「總統擁有任命權」加以斷然拒絕。

軍隊無論如何都該誓言對國家忠誠，絕對不能聽命於掌握大權之個人，這雖然是不容易辦到的工作，但最後總算是把所謂的「黨國」意識從軍隊中徹底消除，成功完成軍隊國家化。

與國民黨的戰鬥

因為是在已故蔣經國之後繼任總統，所以我的任期只剩二年，於是國民大會要於一九九〇年再一次進行總統選舉，但此時的國民黨內部，有很多人發出「不能讓李登輝作為國民黨黨主席候選人」的聲音，也收到了準備發起政變來阻止我再選的情報。雖然此時因為我的先發制人而處置妥當，但只要情報收集稍有怠慢，事態發展就會一發不可收拾。

因此只要第八任總統的選舉結果出來，我就要廢止《動員戡亂時期臨時條款》。所謂的《動員戡亂時期臨時條款》，指的是國民黨自中國大陸的國共內戰敗走台灣後，以「反攻大陸」為目的，也就是把奪回中國大陸當作目標，而針對一切物資進行的總動員。

國民黨雖然在一九四七年頒布憲法，但因為迫於政治現況，而透過此一臨時條款凍結憲法，讓國大代表開啟了「萬年國會」，於是不需通過行政院的同意，只要依據國家安全會議的裁決就能行獨裁之實。

但是，即使要廢止《動員戡亂時期臨時條款》，該由誰來廢止卻成了一個問題，這項條款原本就是由國民大會決定，所以只要再召開國民大會就好，但當時的「國民大會」卻是因為憲法遭到凍結而誕生的萬年國會。

這個萬年國會在一九四七年的第一次選舉中，從法定人數的三千零四十五人中選出了二千九百六十一人，任期雖然定為六年，但之後卻超過四十年沒有改選，所以這些成員變成了名符其實的「萬年議員」。他們的年齡都已經相當高，其中還有已經無法靠自己步行的議員。

因此，要讓國民大會決議廢止臨時條款，就得先讓國大代表全數退職，而我所能做的也只是拜託他們「放棄自身利益，從代表之位退下」。

而他們都是支持我、選我當總統的人，所以被自己所支持的總統勸說「辭職」，應該沒有人會感到愉快吧。但如果不這麼做，台灣就永遠無法走出獨裁體制。

於是我帶著總統府秘書長一一拜訪他們，不斷低頭拜託他們「為了國家好，請務必退休吧」。果然，如我所料，沒有人答應退休，所以我只好轉換方針，用高額的退休金來換取他們的退休。雖然全員人數超過六百人，但最後總算是成功說服。

就這樣廢止了《動員戡亂時期臨時條款》，改選了萬年國會，在新的選舉制度下選出了新的國大代表。

另外，為了開拓國家建設的新局面，我也第一次試著召開「國是會議」，讓在野黨、一般百姓和學者們一起加入。

此時黨內也傳來了像是「國民黨的代理主席讓外部的人來參與國家未來的決策，這已經超乎我們的忍耐極限了」這樣的聲音，但是，正因為讓持有不同意見的人參加，才能取得國家長期發展的共識。何況國民黨本來就不支持我，就算我在體制內提出優秀的改革方案也無法執行，這是我從蔣經國時代的教訓中所得知的。

真正重要的是人民，傾聽人民的聲音，讓人民參與其中。因此，在這場國是會議中，首長的普選和總統直選等議題，都已經在會議中提出。

可是國民黨內部依然信守黨就是國的「黨國」體制，即便這是非常封閉的思考方式，在當時卻是非常根深蒂固的殘存意識。

在這種情況之下，即便我們圍繞著總統的直選制度討論，還是有很多人認為，只在黨內選舉不就好了？因為他們認為：「為什麼要刻意冒著權力可能轉移到其他政黨的風險？有這個必要嗎？」

最後總統直選制在國民大會的多數決中通過，但還是有上百位的黨員在此時對我持續大聲痛罵。

我沒有理會這些挑釁，而是看著他們，默默聽著他們叫罵，心想：「真是愚蠢，腦袋裡除了黨內微小的權力之外，完全不懂順應民之所欲乃不得不為之必然。」和那些思考方式停留在十八世紀的人，是沒有辦法好好溝通討論的。

「李登輝一邊主張民主化，卻一邊在黨內搞獨裁。」也有這樣的批評，但是在我個人之下，始終沒有聚集權力和各種利益，因為執著於掌控那些東西，是中國糟糕的傳統。

最後在一九九四年三月修憲的時候，無異議通過了「人民直接選舉」的法案，並於一九九六年三月開始實施。如果不是反對國民黨的陣營保有堅決的態度，台灣不可能會有今日的民主化成果吧。

司馬遼太郎與我

台灣第一次舉行總統直選的二年前，也就是司馬遼太郎和我對談的一九九四年，司馬先生對我說：「李先生，為了你好，建議你不要出來參選下屆總統比較好。」我想司馬先生是為我著想，才會基於友情給我忠告，又或者覺得，像我這樣的學者留在政界總顯得格格不入吧，所以擔心不管我願不願意，都會被捲入政治的危險局面裡。

但我卻違背了司馬先生的好意，投身於總統直選當中，因為我認為，為了讓台灣更進一步民主化，我還需要一個任期。我對人民抱有使命感，在這個使命達成之前，我不能放下肩上的重擔。

首先要做的就是終結與中國之間的內戰狀態。當國民黨仍持續高喊著「反攻大陸」時，我認為「明明打不贏戰爭，就不該老是說著要反攻大陸，應該以人民的安定生活為優先」。

反攻大陸這件事，就是內戰的延續，讓我們放棄內戰來統一國家吧，只要等中國民主化再來統一就好。只要採用這樣的說法，國民黨的其他領導者們也就無法做出強烈的反對。為了不用說什麼大道理就能讓內戰停止，《動員戡亂時期臨時條款》就這麼廢止了。

如果要說廢止《動員戡亂時期臨時條款》是怎麼一回事，那就是終結中國大陸和台灣的內戰狀態，然後讓中國大陸歸中國大陸，而台灣歸台灣，姑且讓各自的政府去依法統治吧！就是這麼一回事。

在中國大陸的政府，實際上依法統治著中國大陸，因此我們的立場就是承認中國共產黨政府的存在，然後終止兩岸的戰爭，往後彼此藉由對話來邁進。

然後在一九九一年時頒布《國家統一綱領》，其內容為，當中國的政治民主化，並實現公平的社會，且軍隊為國家所有而不屬於共產黨時，彼此再來考慮統一。這是以為邁向統一為目標分為第一、第二及第三階段，並針對每個階段提出相應的條件細則。

因為廢止了《動員戡亂時期臨時條款》，才能廢止萬年國會，也才能在新的選舉制度下選出新的國大代表，這對台灣人來說是一大進步，台灣的民主化就是在這樣的迂迴之中一步步向前推進。

與司馬先生對談的主題是「生為台灣人的悲哀」，這樣的說法雖然讓我飽受國內外的批評，但即使如此我也不會在意，我已經處變不驚了。

身為台灣人，卻無法為台灣盡力的悲哀，這就是我所謂的「生為台灣人的悲哀」，而那些為此批判的人，大概無法感受到這樣的悲哀吧。眾所皆知，台灣人長期以來，有著自己無法治理自己國家的悲哀歷史，而我生為台灣人，也曾處於想為自己做些什麼卻辦不到的年代。

在與司馬先生的談話中，我談到《舊約聖經》的〈出埃及記〉。摩西率領以色列人民從埃及逃出渡海，經歷艱難的航行後，雖然最後到達了西奈半島，卻無法進入神所應許的迦南之地，而在西奈半島的荒野中流浪了四十年。只要早點進入迦南之地然後建立國家就好了，為何要在西奈半島待上四十年？即使我在教會中向牧師提問，也得不到滿意的答案。

我自己是這樣解釋的：

這是因為摩西所率領的人們，原本在埃及以奴隸身分過活，所以沒有具備建國所需要的知識，而以色列的人民也要等到從前身為奴隸的人逐漸凋零後，才有建國的可能。

過去身為奴隸的以色列人並不知道以耶和華為名的神，也不信奉耶和華，因此，首先得教導他們如何膜拜神，也就是讓他們知道受洗儀式和做禮拜的方法，這是對以色列人的再教育。

於是過去的奴隸世代在這四十年間絕跡，接受教育的新世代成為了集團的核心，我想這就是為何得以建國的原因不是嗎？

台灣也是如此，「生為台灣人的悲哀」與這個原因息息相關。

台灣人從荷蘭、西班牙一直到國民黨，一直都在外來政權的統治之下，雖然日本在短期內把台灣這個殖民地提升為近代社會，並予以教育，但即使如此，我們還是沒有自己的政府。台灣現在明明已經民主化了，卻至今處於無法建立自己國家的狀況。

有些滿懷惡意的人以「李登輝把自己比喻為摩西」來中傷我，說我把「台灣獨立」和「出埃及記」劃上等號。

但這樣認為的人，不僅對〈出埃及記〉的內容缺乏了解，也是用他非常短淺的見解來判斷，而對事實產生了很大的誤解。

比起前半段逃離埃及統治的描繪，〈出埃及記〉的核心其實是在後半段，也就是描寫以色列人當家作主之後，建立進步文明的過程，這正是「新時代台灣人」當前處境的最貼切寫照。

台灣人的身分認同

那麼怎樣算是台灣人呢？台灣人的身分認同又是怎樣建構的呢？像這樣的疑問經常在我心裡想著。

以《文明衝突與世界秩序的重建》[11]（*The Clash of Civilizations and the Remaking of World Order*）一書而聞名的美國政治學者暨哈佛大學教授塞繆爾・菲利普斯・亨廷頓（Samuel Phillips Huntington），針對每年因為數十萬移民湧入而造成美國逐漸失去國家整體感的狀況，分析了美國人的國家認同（以國民的自我意識為準）變化，最後寫下了《我們是誰？》[12]（*Who Are We?*）一書。

亨廷頓在書中指出，大部分的國家由於國家依據的形式和內容不同，免不了要面臨身分認同的問題，而美國得到的結論就是，必須馬上恢復盎格魯・撒克遜人的

11　編按：此處的日本版書名為《文明的衝突》（文明の衝突），台灣的繁體中文版依據英文原書名譯為《文明衝突與世界秩序的重建》（聯經出版公司出版），故在此採用既有中譯版本之名。

12　編按：此書日文版書名為《被分割的美國》（分断されるアメリカ），因為目前沒有繁體中文版，故以英文直譯。

新教文化和傳統，以及價值觀。這個認同的崩壞和重建，正是台灣所面臨的中心思想問題。

與台灣認同相關的首要問題就是「存在」。

雖然我們常說「台灣是實際存在的一個國家，也是一個主權獨立的國家」，但真的是如此嗎？只要冷靜觀察，就會發現台灣並不能說是一個正常的國家。台灣本身沒有憲法，直到現在還在使用中華民國這樣的國號，所以為了讓台灣存在，就非得用明確的形體來形成國家不可。

一九八八年，我在就任第七任總統時所說的「一心一意，團結奮鬥」，意即「大家一條心，為共同目標而努力」。當時作為新人政治家的我，也只能呼籲「大家一起努力」。

而在第八任總統選舉時的口號則是「讓我們開創中華民族的新時代」。

然後在一九九六年就任第九任總統時，我主張「這是主權在民的時代」。在競選活動上的演講則說：「傾聽國民的聲音，徹底推行民主改革，以大台灣為基礎展開新的文化」。當時的我還說了下面的話：

台灣誠如我們所知，也是一個移民社會，除了早期的先住民同胞

外，大部分是來自中國大陸的人，雖然我們來到台灣的時間不同，但大家都在這片土地上自食其力地耕耘，同樣地付出了心血與汗水而造就了現在的台灣。

用先來後到的時間差來議論誰是台灣人和誰不是台灣人，這是沒有意義的，也完全沒有必要，要知道台灣是屬於我們的，唯有為了台灣努力奮鬥，才能作為台灣人的證明。

然後在帶著新台灣人的這種觀念時，也不要忘記尊重傳承下來的中國文化。

有些政治學者分析了我的演講，就討論起「台灣有兩種民族主義」，也就是「大台灣」這種以台灣區域為基礎的民族主義，和「中國文化」這種民族主義。但是，對我們來說，重要的並不是去問兩種民族主義之中哪邊屬於正統，而是該如何確立堅決的「台灣認同」，除此之外，再無其他。

當選第九任總統時，我所強調的是「經營大台灣，建立新中原」，下文引用一部分的就職演講內容：

長期處於多元文化的影響之下，台灣在中國文化的整體發展中，不僅成為了最進步的新生力量，也變成了中國文化的「新中原」。

為了開啟「經營大台灣，建立新中原」的新氣象，現在正是我們從歷史的苦難之中踏出第一步，手牽手，心連心來完全融合各個團體，並凝聚全國人民共識的絕佳機會。

「中原」這個說法本來是指黃河流域一帶，中華文化的發祥地，但我所說的「新中原」，是指文化綻放之所，如果要講得更明白點，就是指民主主義的文化。這個文化是在所有台灣人的參與之下才能成立，是在參與之中孕育而生，並在「我們是台灣人」這個身分認同的基礎上成長。國民黨作為從中國大陸過來的「外省人」政黨已經是過去的事，現在早已經不是區分本省人、外省人以及先住民的時代。

下面是一九九八年的光復節前一天，我於十月二十四日的演講內容：

今天在這片土地上一同成長、一同生活的我們，包括先住民在內，不管是數百年前還是數十幾年前來到台灣的人，大家都是台灣人，同時也都是台灣真正的主人。

我們肩負著台灣前途的共同責任，該如何把對台灣的惋惜化為具體行動，並進一步拓展台灣的發展，這是我們每一個人作為「新時代台灣人」，責無旁貸的使命。

同時也是我們為了幫後代子孫創造出輝煌的未來藍圖，所必須承擔的責任。[13]

在我的年代，選舉時總會區分「本省人」和「外省人」，這是不得已的事，而我自己在「本省人」較多的選區也的確比較占優勢，但從今以後，在「新時代台灣人」的討論基礎上，就不再需要這麼做了。

「快樂頌」

原本住在台灣的只有先住民，但那也是由文化上幾個分歧的少數民族集合而成。十七世紀初的時候，來自中國福建省和廣東省一帶的漢人開始遷移，後來又有荷蘭人的短暫統治，以及明朝遺臣鄭成功所建立的政權。

13　編按：這三段演講引文沒有從原文進行二度翻譯，而是分別取自當時的實際演講稿。

開始有大量漢民族居住是從中國清代開始，在此之前不過數十萬的漢民族人口，在清朝暴增為二百多萬。

緊接而來的是一八九五年的日本統治時期與一九四五年從中國大陸而來的國民黨，然後在接受了各種民族與文化的過程中，就變成如今半個世紀後「新台灣人」的台灣。

在考慮今後的台灣時，必須像這樣重視歷史的來龍去脈，因為「台灣的存在」本來就是在加入許多要素、接受許多民族之後，才能作為文明的國家給自己定位，然後對未來展開建設。

這個過程並不是要捨棄或是否定過去，而是要「累積」。正因為有前人的珍貴努力，才有現在的台灣存在。「新台灣人」不是突然冒出來的，而是經由歷史的累積才慢慢誕生的結果。

關於這半個世紀以來的政治發展也可說是相同的，從中國大陸而來的國民黨的確是來自威權主義的勢力，實際上也實施了獨裁政治。

但這樣的國民黨也帶來了孫文的「三民主義」種子，總有一天，這個種子會發芽、開花，然後結果。既然在蔣介石總統的時代有各式各樣的問題存在，那麼，想要在那個時候全面拓展自由與民主，是極為不可能的，不是嗎？

在中國大陸握有壓倒性權力的共產黨政權之所以存在，現在想想就是因為曾經強制進行了破壞性的社會革命運動，所以只要看看以西藏為首的周邊國家就可以了解，都是在不留說話的餘地之下，遭到中國行使強權。我們不能把蔣介石的時代單純視為來自中國的落跑政權，而是必須把它放在當時中國和亞洲的情勢裡來看待。

而連結起那樣的時代和現代的中間人就是蔣經國，由蔣經國這樣的人物來擔任那樣的角色，給人一種歷史的必然性。

蔣經國的時代是為台灣日後經濟發展貢獻基礎的年代，也可說是在政治上促進真正「主權在民」實現的時代，而且包括我在內，或許也是為下一個世代的政治孕育出合適政治家的準備時期。

一九九六年三月，在我當選第九任總統時，台灣在政治上也出現了很大的改變，並不是由我將總統之位讓給誰，而是經由直接選舉，讓人民來選擇。

當時的就職演講，也是我生涯之中難忘的事。在妻子曾文惠的提議下，先播放貝多芬《第九號交響曲》的第四樂章〈歡樂頌〉（*Ode An die Freude*），然後我再面對人民由衷地道謝。那個瞬間不僅對我來說是「快樂」的時刻，對台灣的歷史與政治而言也是快樂（Freude）的剎那，更是新時代的開始，所以我在演講時說：

今天的這個慶典，不是為了慶祝任何一個候選人的勝利，不是為了慶祝任何一個政黨的勝利，而是為了慶祝我們兩千一百三十萬同胞追求民主的共同勝利！是為了人類最基本的價值、自由與尊嚴，在台澎金馬獲得肯定而歡呼！

當我們已經把自由、民主主義以及人權視為理所當然而列入先進國家之中，還是會有絲毫不動心的人吧！

但請你想想看，台灣是經歷了多長久的歷史才走到今天這一步，而且還是在中國反覆的威脅下達成的。

今天我們在台灣實現了中國人的夢想！二十世紀的中國人，奮力追求的是，建設富強康樂的新中國，與實踐中山先生「主權在民」的理想。五十年來，我們在台澎金馬的艱苦奮鬥，創造了舉世矚目的「經濟奇蹟」，完成了世人推崇的民主改革。[14]

台灣的改革迄今尚未結束

我在此時，對於自己承擔的寧靜革命所展現出來的確切成果感到開心。二〇〇〇年三月的總統選舉，我沒有出來參選，因為只要現任總統的我不要參選，台灣就不會陷入擁抱權力的惡習，這才會成為實行真正民主主義的證明。

而且這次的選舉結果是由民進黨的陳水扁勝選，變成國民黨將政權移交給對立的民進黨，這樣和平轉移政權，不僅對台灣來說是空前的舉動，在中華社會的五千年歷史上也是如此。

可是我在卸任總統時說過：「台灣的改革迄今尚未結束。」為了不讓民主化在中途挫敗，政治改革不能只停留在名稱上的政治改革，為此還需要司法改革和教育改革。雖然我在某種程度上已經為此把路鋪好，但今後必須更進一步貫徹的是「精神改革」，因為透過精神上的變革，我們的社會才能從古老的框架中解放出來，從新的發想中產生出新的活力。這是比起政治改革還要來得更有深度和難度的改革之路。

這一章主要講述的是國民黨政府的內部改革和台灣的民主化過程，雖然有很多方

14 編按：這二段演講引文沒有從原文進行二度翻譯，而是取自當時的實際演講稿。

面沒有觸及，但卻涵蓋了台灣在外交上的很大問題，即「兩個中國」、「一個中國」、「台灣獨立」、「中國統一」這樣與中國相關的問題。

雖然之後會有詳述，但我反對「一國兩制」，也認為沒有必要去談台灣的「獨立」，而且中國如果要統一，那就非得是完成自由、民主化的「台灣模式」不可。但是中國卻自己圍繞著「一個中國」的論調起舞，以經濟利益為誘餌，通過文化交流和企業投資布下各種「陷阱」，想藉此喚醒台灣人民的大中華民族主義。

在我卸任總統、陳水扁當選總統的二〇〇〇年以後，台灣政府開始對中國展開積極投資的政策，到二〇〇八年的馬英九總統時代，更實現了兩岸的「三通直航（通商、通航、通郵）」。

親中的第二代領導者們，走上了民主化的回頭路，並貼近中國，這些都讓我感到危險。對於台灣的企業而言，中國高度的經濟成長或許非常有吸引力，而且中國也因為政治意圖而採取優惠政策來歡迎台灣企業的投資和進駐，但如此以往，台灣的弱化將顯而易見。

只要看過各種調查，就會發現認為自己是台灣人和不否定自己身為台灣人的民眾確實在增加，這雖然表示台灣的社會因為民主化的進展而開始融合，但這種傾向卻也顯露出了不好的徵兆，也就是說，台灣特有的種族問題，即外省人與本省人的族群對立摩擦會再度浮上檯面，政治、社會的混亂恐怕會再度升高。

台灣特有的問題裡，以抱持反民主意識形態的政黨為例，有與中國共產黨聯手的「反台灣派」，他們重視自己的意識形態更勝過人民的選擇自由。

同時，隔著台灣海峽，台灣的主體性受到對岸中國的併吞野心而左右，這也是台灣特有的問題。我在論文《台灣海峽的和平與亞洲的安全》中呈述：「併吞台灣是中國的國家大事，只要共產黨沒有兼併台灣就不算完成國家統一，所以一定想要併吞。」事實上，二〇〇五年三月十四日，中國為了賦予侵略台灣的正當性而制定了《反分裂國家法》。

在這樣的情況之下，台灣的領導者必須抱有危機感，並盡快重建國家認同。

正如上文所述，在各種調查當中，雖然「台灣人」的意識正在民眾之間擴大，但台灣還是存在利用大中國意識來作為政治手段的政治勢力，想藉此破壞台灣社會的和平以及國家認同，並顛覆國家。

支持他們的，與其說是在台灣握有投票權的人民，還不如說是對岸的中國。像這樣「引清兵入關」和「木馬屠城」般的「聯共制台」行動，絕對會對台灣造成災難性的未來。

在台灣復活的「中華思想」

歷史不是直線前進，現在的台灣不只面臨內外的危機，也存在「民主化的危機」，呈現「五里霧中」的狀態。

於是就如同亨廷頓指出的那樣，產生了民主化的反動，反對民主化的保守派在掌握政權後，延續皇帝型統治的腐敗，由政府來侵害人民的權利，把台灣的「認同」反其道而行，試圖恢復中華思想。

針對民主化的歷史，亨廷頓說出了四個邁向第三波民主化的條件，而台灣現在也面臨了面對民主化的四個挑戰。

第一是以前參與民主化的人開始造反和謀反，因為他們的腐化，社會正義的衰落演變成了大問題。

第二個問題是，具有反民主意識形態的政黨和政治運動在選舉中取得勝利，現在馬英九總統的發言也開始逐漸強化他到目前為止的反民主言行，這個狀態會留下不知該怎麼處理的問題。

第三是壟斷行政部門的權力，民選的總統將權力集於一身，規避立法部門的監督制衡，而以行政命令進行統治，完全無視法律存在。

其四是政府剝奪人民的參政權與享有自由的權力。

該怎麼解決民主化所面臨的這四個挑戰，雖然是個難解的問題，但也還不到非做什麼不可的地步。

馬政權發跡以後，建立了國共兩黨的平台（指導方針），對台灣全島產生了重大的影響，而在野的民進黨也腐敗地用「愛台灣」的口號來掩飾他們不正當的行為。

我們必須打破這樣的狀況，把遭受獨裁政府玩弄的台灣變成自由豐饒的國家。為此，台灣人必須成為具備自我統治能力的現代「公民」。

今天，為了克服眼前內外交迫的危機，我們兩千三百萬的台灣人必須超越壓抑台灣成為正常國家的外在威脅與內部腐敗，同時我們也非得超越歷史形成的漂流意識[15]，克服自我寬待的陋習不可。如此，台灣人民才有機會，擺脫亞細亞孤兒的命運，躍升成為具有自我統治能力的現代「公民」。

幸好六十年前的台灣民眾與現在的台灣民眾之間，已經出現了完全不同的「質變」。六十年前因為受到來自中國大陸的政權洗腦，許多台灣人認為自己是「中國

15 編按：「漂流意識」就是沒有認同台灣這塊土地的意識。

人」，但今天大部分的人已經了解，那些想法都是「偽造的歷史」和「虛假的現實」。

所以現在的台灣人，如果能遇到把民主化的強烈信念當作根基的領導者，就能擺脫束縛過去的假象，確立對於「台灣這塊民主化之地」的認同。

只要好好建立「身分認同」的基礎，克服台灣社會之間的種族矛盾，就能從「反民主」政治勢力的私利以及依附中國霸權主義想要擾亂秩序的企圖中逃脫。

我確信，屆時台灣就能毫不猶豫地往「成為正常國家」的目標邁進，然後在最後脫胎換骨成為完全的民主國家。

第二章

中國歷史與「兩個中國」

攝影—淺岡敬史

「中國五千年」

我從兒時開始接受日本教育，受到日本文化的薰陶，但另一方面也同時接觸到許多中國的文學與思想。

特別是一九一九年，在抗日、反帝國主義的「五四運動」後，風起雲湧的新思想潮流為我帶來了強烈的影響。

中國人對擁有源遠流長的歷史感到驕傲，的確，就像「中國五千年」之說，文明圈是由長年的時間積累而成，但那只是經過很長很長的時間流逝罷了。

我曾在日本的舊制高等學校學習中國史，老師只花了大約一小時，就把五千年的歷史幾乎都教完了，之後便接著講述鴉片戰爭後，短短不到百年的歷史。

換句話說，「中國五千年」的悠久歷史裡，大約有四千九百年都只是皇帝跟王朝的名稱更迭，一進一退，不斷重複而已，所以歐洲人稱之為「亞洲停滯」，也是不無道理，因為那只是皇帝與王朝的反覆替換而已，而中國人則把這樣王朝交替的歷史稱之為「法統」。

「法統」是皇帝統治的說法，所以簡單來說，這個法統的組織不斷交替治理的過程就是中國的五千年歷史。而歷代皇帝無的所為，無非就只是鞏固自身的地位與勢力，持續增加個人的財富而已。

一旦持續這樣的統治，皇帝就會開始實施暴政，於是其他一族之人就會以失「德」為名加以推翻，成為替代的新皇帝。

這在中國屬於「易姓革命」的思考方式，皇帝就是承天命而獲得治理天下的權力者，所以當這個皇帝因失德而遭到上天所棄，獲得新天命的人就會成為皇帝，帶領一族之人發起革命，建立新的王朝，這就是「易姓革命」。

總之，皇帝就是自古以來由上天所決定的正統繼承人，其作為統治形態的「法統」不能改變，如果改變就是違背天命，因此，新皇帝只能效法古代，回歸天下本來該有的狀態，而這樣的形式就稱為「托古改制」。「托古」就是「依循古代」的意思，但要我說的話，中國的歷史其實是持續的「托古不改制」，因為皇帝的統治形態是不允許改變的。

在我擔任總統時的台灣也是如此，受到中國式的法統支配。於是我提倡的不是「托古改制」，而是「脫古改新」，主張擺脫古代的約束，開拓台灣成為具有主體性的民主國家。

正因為長年以來皇帝統治的封建體制，中國的傳統文化才會停滯不前，阻礙了社會的進步與改革，造成許多弊病橫生。

近代的中國雖然因為國民革命和共產革命而打破了歷史的停滯狀態，但由國民黨主導的國民革命卻在中途挫敗，之後由共產黨主導的共產革命也陷入了相同的惡性循環裡。

要說經由共產革命而產生了什麼，那便是即使脫離了亞洲的停滯狀態，卻沒有脫離中國的傳統，而是讓誇大妄想的皇帝統治——即「中華思想」與「霸權主義」——再度復甦。

新儒家主義

一九七八年，鄧小平因為倡導「改革開放」而引進市場經濟，其實就是否定了社會主義，邁向「社會主義市場經濟」，讓中國達到飛躍式的經濟發展，超越日本成為世界第二大的「經濟大國」。但思想上卻一點也沒有脫離傳統，即使經濟獲得了發展，政治上還是「皇帝型統治」，完全沒有進步。

在鄧小平之後接棒的江澤民，他所推行的是可以用新儒家主義來稱之的東西。對中國人而言，儒家重視的是名聲和名譽這些頭銜，也就是愛「面子」，是「我是我」這種徹頭徹尾的中國式思考。

中華民國的思想家胡適，在一九二八年發表於《新月》雜誌的〈名教〉一文裡，就沉痛地批判了盲從於口號的中國社會。他指出，中國人沒有信仰，取而代之的是中國獨有的「名教」，即傳統地崇拜「用文字書寫出來的宗教」。

中國人只是一味地經由文字寫下的口號來尋求心理上的滿足，卻無論如何都不去正視現實。結果不但沒有解決問題，反而導致價值觀的錯亂。因此胡適才會奉勸當時的執政者：「治國不在口號標語，顧力行何如耳。」

與胡適同時代的魯迅，在著作《阿Q正傳》裡，採用諷刺的手法去描寫「中國人愛面子的文化」，而得到許多讀者的共鳴。不思考如何解決眼前的問題，只想著保住「面子」來自我安慰，就是中國人的這種心態才會讓中國社會陷入停滯不前的情況，而這也正是魯迅所主張，中國落於時代潮流之後，無法發展的原因。

中國人所思考的儒家，往往只是守護不具實體的言語和名稱，換句話說，就是為名所困的思考方式，而這個絕對不能以宗教稱之。於是只重視「我」的名字、名譽和身分，就變成了中國人心目中的《論語》，而真正重要的「仁、義、禮、智、信」等，則變得一點也不重要。

日本在這方面以端正的禮儀為主體，重視信義，讓這些成為日本人的思想基礎，而中國卻不是這樣。換言之，論語的教導已經在日本人的生活中扎根。已歸化日本的四川籍評論家石平，曾說過很有趣的話：「論語的精神活在日本，來到日本後，我才開始了解論語為何。」

為什麼不能稱之為「支那」

中國人受到名字和文字拘束的最佳例子，就是「支那」這個名稱在戰後的日本變成禁忌，起因於在日華僑向GHQ提出控訴。雖然不清楚美國人是出於何種緣由，但最後還是經由日本的外務省通告，透過日本的報紙和廣播呼籲大家自律。

在一九四六年（昭和二十一年）「避免支那稱呼的關聯事件」中所下達的外交部次長通告，是以成為戰勝國的中華民國立場表達對於「支那」這個詞的極端厭惡，並透過官方與非官方的方式要求「不管理由為何，都請勿使用讓對方厭惡的文字」。

我們小時候並不知道有像「中國」這樣的稱呼，所以大家都說「支那」。「支那」並不是指涉一個國家，而是在稱呼歷史上和地理上的整個中國時，比較合適的說法，和英語的China、法語的Chine（發音：shinu），以及德語的China（發音：hina）稱呼一樣意思，所以只要求日本不能這麼稱呼，的確是很奇怪的道理。因此，只是因為對方厭惡就要求自律，這就只是關乎中國拘泥於名字和文字的面子，以及日本官方的鴕鳥心態。

然而，在現在把「支那」的說寫都當做壞事的風潮下，我感到非常不可思議。如今在意這件事的對象雖然已經由共產黨的中國取代了中華民國，但就算中國對此反彈，我還是無法理解，日本人究竟為何如此忌憚。

中國這個詞，是孫中山在辛亥革命時，其所成立的臨時政府，認為與清朝作戰需要有個國名，因而採用章炳麟提案的中華民國之稱才開始。

從最早開始中國就不曾是國名，王朝影響力所及之處皆為皇土，稱為天下，而所及之物則皆為皇帝之物，換句話說，是由皇帝在統治這個世界，其中有像朝鮮、琉球這樣來朝進貢的國家，也有像蒙古這種被稱為夷狄的野蠻人之地，或者像台灣這樣難以觸及的「化外之地」。

這就是以皇帝為世界的中心，誇大妄想的「中華思想」。就算到了近代，英法等西方諸國前來要求建立外交關係，也依然將其視為「洋夷」，用朝貢的形式來往。

因此沒有領土或國家的意識，自然也就沒有國名，只有王朝的名稱。天下皆為皇帝之物，這就是現在中國霸權主義的源頭。毛澤東說過，朝鮮半島、日本、琉球、台灣及澎湖諸島全都是中國的領土，即共產黨力量所及之處皆為自己掌中之物的「中華思想」，因此釣魚台列嶼當然是中國的領土。

中國人只有「今生」和「自我」

「未知生，焉知死」是孔子的名言，而收錄孔子語錄的《論語》裡頭雖然用肯定的態度捕捉了人生健全的一面，但因為這些話裡頭看不到否定的可能，而只有對「生」的積極肯定，所以反而孕育了強烈的危險，也就是變得只知道及時行樂。

這樣的思考方式與《葉隱》裡頭「所謂的武士道，就是看透死亡」這句話所表現的日本精神正好相反，因為對日本人來說，「正因有死亡，該怎麼活」才是問題的所在。

應該受到肯定的是有意義的「生」才是，但那通常與「死」互為表裡，所以人如果想活得有意義，就必須經常思考死亡才行。此時的「死」並不是在說具體的死亡，而是單指自我的否定。歌德在《西東詩集》裡，簡潔直白地說：「死，而後成」，因為有自我的「死」，真正受到肯定的「生」才能成立。

「家產制」作為中國人的傳統價值觀，也是從及時行樂這樣追求富裕和利益的想法而來。家產制就是自家財產這回事，因為中國人把「我」放在國家和社會之前，所以會把錢存起來花在家人、兒女和子孫身上，這就是家產制。總而言之，中國人在現世所追求的就只有金錢和權力。

中國的歷史，在你以為進步的時候，就退步，在你以為退步的時候，就進步，就只是在這樣進進退退的模式中進行。關於中國封閉的「法統」歷史，魯迅是這麼說的：「這是被囚禁在肉眼所不見的圍牆當中，不斷反覆上演的戲碼，也是在古國之中螺旋前進的無聊戲碼。」

關於中國人的民族性，魯迅也說過這樣的見解：「中國人『爭亂不為首謀』、『禍亂不為元兇』，而且『幸福不為先達』。」因此「關於改革的一切都無法進行，因為沒有人想站在前線擔任開創者的角色」。

中國的歷史不過就是在中華思想的幻想裡團團轉的戲碼，因此若是不問中國人自己是誰，誰也不會想了解。換句話說，他們對自己的精神沒有信心，所以會出現只要能存錢就好，就算騙人也無所謂的想法。

官員的眼中沒有國民和人民，只是一味地中飽私囊，為了家族而儲蓄。中國人這樣的價值觀，到了現代也沒有改變，所以演變成共產黨幹部的貪汙問題。要讓中國人能理解他人的權利和人權，還有很長的路要走，就像古時候的諺語所說，「河清難俟」，暫時沒有可能吧。

郭沫若從歷史研究者的觀點來批判封建制度，在《十批判書》和《青銅時代》等著作中，他重視孔子和孟子的民本思想，而排斥韓非子的「法術」與「君主本位」以及秦始皇的「集權主義」，然後提出「以民為本」的思想，認為中國唯有擺脫傳統的束縛才有發展的希望。

這些批判中國傳統社會弊端的著作，在那個時代獲得了知識青年的廣大迴響。我當時還是個不滿二十五歲的年輕人，也讀了這些著作，對圍繞著中國文化的問題做了深刻的思考。我認為中國最大的問題在於封建制度，正因封建制度才陷入了停滯，也因此扭曲了人們的思想和言行。

即使到了今天，我對活躍於一九三〇年前後的思想家們，依然很敬佩他們的見解。只可惜，因為當時的中國社會尚未達到成熟階段，所以無論他們如何對社會制度進行強烈的批判，還是沒能找出可能實現的解決方法。一般青年懷抱著革命的理想，卻得不到明確的方向與其方法。

那麼共產的中國又如何呢？毛澤東以馬克思主義作為勞動階級的革命主體，主張能夠在中國實現以農民為基礎的革命。然而，如果「農民革命」如他所言地在中國實現了，那麼中國的歷史應當會出現偉大的突破，可是以結果來看卻沒有發生。

其中最大的原因，我認為是因為毛澤東本身保有中國人濃厚的父系思考方式，因此也成了共產黨獨裁的問題。毛澤東所主張的「聯合政府論」（一九四五年四月），是聯合共產黨和國民黨來對日進行抗戰，並在過程中籠絡人民加入共產黨，一旦日本從中國撤退後，就能夠擊潰國民黨。

毛澤東在那之後並沒有對自己的權力放手，而是進行了文化大革命的政治鬥爭來維持自己的獨裁。但是，只要權力還握在個人手中，就無法脫離皇帝統治，也就是所謂的「法統」，而中國的歷史也不會迎來新的時代。

中國大陸會跟過去的歷史一樣陷入了反覆的進步與退步，我認為原因有三，第一，政策決定沒有傾聽人民的聲音便進行，全由領導者個人掌控。第二，對於社會構造的變化長期疏於觀察。第三，領導者沒有認真為國民的福祉著想。如此輕視國民的政策，最後成為社會發展的不確定因素，並阻礙中國大陸的後續發展。

現在，中國與美國的關係雖然漸深，但其實只是刻意讓外界看到中國與美國的「大國外交」，藉此吸收美國在亞洲的政治、經濟基礎。

不管經濟如何發展，中國現在都還不是能與美國對抗的「大國」，只是人口相對較多罷了。不過，倘若中國判斷自己已經把美國在亞洲的大部分基礎都化為己有時，中國就會放棄奉迎美國，轉而將美國排除在亞洲之外。

「天下為公」

在我的辦公室裡，懸掛著孫中山的「天下為公」這句話，說這句話是我政治信念的核心也不為過。

這句話與一九四七年的中華民國憲法序言中所說的「依據孫中山先生創立中華民國之遺教，為鞏固國權，保障民權，奠定社會安寧，增進人民福利，制定本憲法」，以及「第一條，中華民國基於三民主義，為民有民治民享之民主共和國」的內容，皆為相同的思考方式。

民有、民治、民享，這才是民主主義國家，只要欠缺其中之一，就已經不能以民主稱之。於是孫中山鼓吹「三民主義」，把它變成國民革命的目標與口號，其理論的框架，大概可以歸結如下。

現在中國需要的是打倒清朝的專制政府，並從帝國主義的侵略中解放國家，打造中國人的中國，而且這個中國不能為專制君主所有，非得是民主共和國不可，因此民族主義與民權主義是必需的。

但只有這樣還是不夠充分，就算是已經結束民主革命的歐洲，也因為民眾的生活沒有變輕鬆，而倡導著社會革命的必要性。今天的中國雖然不需要社會革命，但只要經過民主革命就必然會產生社會問題，所以沒有什麼比一次解決更好。

因此，除了民族、民權主義外，還需要民生主義。

說起三民主義，我是在高中時期學習的，當時改造社已經把《三民主義》翻成了日文，所以我最初接觸到孫中山的三民主義是日文版。而蔣介石總統的《中國之命運》也出版了日文翻譯版，所以我也在戰前讀完了。

孫中山和蔣介石在這些書裡特別指出來的問題，是中國社會問題的嚴重性。只是高中生的我，之所以會讀這些書，是因為我對於裡頭針對中國歷史、社會、政治及文化所提出的問題有興趣。

我認為孫中山的三民主義直到今天還是非常優秀的思想，因為他提倡了民權主義和如同口頭禪的「天下為公」這句話。

中國人過去都是行利己主義，不善於一面維持個人，一面在他處創造社會和諧。而且在中國文化裡，「政治」除了「人民的管理之事」外，再無其他。換句話說，「該如何統治人民」就是中國所謂的政治。所以說到中國的傳統政治，就是由菁英來掌控、管理民眾的意思。

在這層意思上的「政治」，對台灣來說早已經是過去之物，但對中國來說，現在仍然在行使過去的「政治」。

看看現在共產黨之下的中國，早已經忘了民權主義和「天下為公」，只是嚴重傾向結合霸權主義的民族主義而已，在面對困擾時，總是把民族主義擺在第一位。

這是極為霸權主義的解釋，與危險的思考方式緊密連結。孫中山想要推動中國的革命時，正是歐洲帝國主義邁向最高峰的時期，所以那是為了達成民權主義必不可缺少民族主義的時代。我們在思考民族主義的時候，必須把那個時候的時代背景也一併納入考量。

我會對孫中山的思考方式給予高度評價，還有一點是因為他正確掌握了土地的問題，並強烈主張民生主義。

雖然這點在馬克思的經濟學裡也是如此，但過去的古典經濟學並沒有把土地視為商品的想法，而是以不變的「絕對地價」來加以掌控。對現代的經濟學而言，就算是地價也能與其他商品一樣買賣，而且還更進一步出現了只要前往國外，再多的土地都能得手的想法，把土地隨意量化。

但是，以農地的考量為例，就無法將地點的問題置之不管，那片土地在什麼位置是很重要的問題，想要把這片土地的氣候和這片土地上的農民分開來考慮，這是辦不到的。

孫中山非常重視「地權分配」的問題，主張不可讓地權集中，應該把土地分配給在土地上工作的人。如果反過來讓不在土地上工作的人集中擁有土地，就無法提高生產，孫中山洞察了這個重大的事實。

我剛剛從台灣大學畢業時，台灣也出現了土地改革的問題，當時我以「給予勞動者土地」的立場在各地巡迴演講。

我的父親雖然沒有擁有那麼大片的土地，但畢竟還是地主，所以反對我的主張。再加上妻子的父親是大地主的緣故，所以他非常憤怒地罵說：「你在搞什麼蠢事！」

但是我對他們提出反駁：「子孫從祖先那裡繼承土地，不用工作就能靠租金擁有富裕的生活，那是不對的！」

結果父親和親戚失去了數量可觀的土地，連帶也影響了我的收入，但我到現在還是認為那是好事。

台灣模範

天下的一切都為皇帝所有，這樣的想法我曾說過，至今還在中國人心中根深蒂固，也成為了現代中國的霸權主義源頭。

但是新疆維吾爾、西藏、內蒙古等自治區的居民並非中國人，這些地方雖然在中國領土之內，但最初本來就只是從外國奪取而來的領土，因此西藏人絕對不會說自己是中國人。與原本就是單一民族社會的日本不同，要說中國人是什麼人，恐怕最後怎麼也說不清楚。

同樣的，中國人雖然也主張台灣是中國的，但台灣並非中國的領土，居民也不會說自己是中國人，而是台灣人。

要說中國到底涵蓋到哪裡，中國人又是哪裡的誰，答案總是曖昧不明，最後只要是中國人用手指比的地方都變成了中國的，因為這就是「天下」。天下屬現代「中共王朝」的皇帝，也就是屬於中國共產黨的，即使有所謂的國際法，中國人還是會無視它。

堅持台灣是中國的一部分，是因為繼承了易姓革命的傳統，而拘泥於上天所授予的正統王朝只有一個的想法。

日本的其中一個優點，就是在明治維新時進行了東西方文明的融合，因此才有新的日本誕生，這在中國絕對不會發生。

台灣在日本的統治下，因為日式教育與社會改革而漸漸擺脫傳統的束縛，走向新的開始。

後來受到國民黨統治，我們還是在迂迴曲折的過程中，經由社會與政治兩方面的改革而趨於成熟，所以，現代的台灣人與中國是完全不同的。

若是問到去過中國的台灣年輕人，台灣與中國哪裡不一樣，基本上都會回答「思考方式完全不同」，例如守法和守時這些基本的地方都不一樣，而且中國對於「人權」的覺醒，也還有很長的路要走。

當然，在進一步實施改革，藉此達到理想的階段之前，還需要更多的努力，我們能做的，可以說就是為中國文化的重建帶來新希望吧。雖然中國的確是在「社會主義市場經濟」之下發展了經濟，但思想面卻沒有絲毫脫離窠臼，即使發展了產業，政治改革卻完全沒進展。

像這樣比較台灣與中國的狀況，不是就能理解寧可選擇台灣作為今後中國全體的範例嗎？中國社會對於經濟與政治兩方面的改革範本，就存在於台灣。

我在《華爾街日報》（一九九八年八月三日）投稿過一篇〈美國不能忽視台灣（"U.S. Can't Ignore Taiwan"）〉，其中一段如下：

近期共產的中國與西方的人們，指控中華民國在宣傳「台灣獨立」、「二個中國」或是「一個中國，一個台灣」，但我們在台灣所作的，卻

是盡力為了中國保留一個不受共產黨統治的自由和平國家。我們發展經濟，擁抱民主主義，成為未來再統一之中國的模範。

經濟方面，從勞動力密集的工業轉型成為技術密集的工業型態，並慢慢降低農業的比例。

政治方面，透過修憲讓人民進行總統直選，促進政府改革，並進一步進行教育和司法改革，實現更成熟的社會。

所有的台灣人民都忘不了一九九九年九月二十一日發生台灣大地震的時候，以日本為首從全世界匯集而來的援助，像是緊急救援隊與救援物資等，讓我們感受到了國際社會的溫暖，而這正是人道主義精神的具體實踐，也是人道主義的極高表現。

但真心讓人感到遺憾的是，中國似乎無法理解這樣的人道主義，從地震發生以來，就不斷妨害國際社會對台灣的援助。

比如聯合國的援助活動必須先知會中國，或者要求各國不可用「中華民國」的名義將捐款送達台灣等等，還有妨礙俄羅斯和約旦的救援專機從上空通過，延誤救援，這種受到政治意識形態操控，而無視人道主義的表現，讓台灣民眾非常失望。

台灣人民這數年來秉持著人道主義的精神，對世界各地的重大災難伸出援手，也在中國發生天災時送出捐款，這樣才是超越國界和意識形態的人道主義精神，是成熟民主社會的善意表現。

這裡並非要刻意批判中國，只是忍不住驚嘆兩岸之間的發展落差。

不可能「一國兩制」

台灣早已放棄了「漢賊不兩立」的想法，「漢」指的是國民黨，「賊」指的是共產黨，所以要停止「我們不與賊寇打交道，只要攻滅他即可」的想法，去摸索中國全體的「最大互惠利益」（plus-sum）。

兩岸之間只要能有實質的改善與協助，台灣就會展現出積極的參與態度，也會提出許多具體的方案，例如「領導人會面」、「國際合作」、「海外輸送中心」、「文化交流」、「農業合作」以及「國有企業的改革」等等。

可惜的是，如此善意的提案幾乎都不被中國接受。

台灣想到的「最大互惠利益」無法實踐，我只好轉為「戒急用忍，行穩致遠」的方針。

對於這個方針，中國的統派學者和媒體，以及部分的企業家都出現嚴重的反彈，但我沒有屈服於這樣的壓力。

只要中國當局的霸權、鬥爭態度不散，而且堅持自己設想的「一個中國」，想要強制把台灣放進這個框架裡，就有可能讓台灣在沒有依靠之下展開要求強行獨立的宣傳。

假如當時沒有以「戒急用忍」的政策來作為面對中國的防禦措施，台灣的產業和經濟將會受到中國的「磁吸效應」（如磁場或黑洞般把投資者吸入）衝擊而陷入危機。

我曾對一位美國的中國專家說過：「我希望你們能支持我們的『一個中國』政策。」這裡的重點是「我們的」，而不是「中國大陸的」。

美國當然可以承認「我們的『一個中國』政策」，但困擾的是他們很容易受到「中國共產黨的『一個中國』政策」蠱惑，一旦再加上台灣「正在進行獨立運動」等等這樣來自中國的資訊，而以此作為台灣政策的基礎，那麼美國將會犯下大錯吧！我對他這麼說。

我像這樣坦率表明我的想法是在一九九七年七月二十二日「國家統一委員會」的閉幕致詞時，在此引用其中一段如下：

我們在此鄭重重申：中國要統一，但必須統一在既照顧全體中國人

利益，又合乎世界潮流的民主、自由、均富的制度之下，而不應統一在經過實踐證明失敗的共產制度或所謂的「一國兩制」之下。

我們作此主張，是因為我們堅信：

第一，共產統一或「一國兩制」的統一，不利於全中國的民主化，使大陸同胞享受民主生活的希望更加遙不可及。

第二，只有統一在民主制度之下，兩岸三地的聯合力量才能成為區域安定的助力。一個統一但專制、封閉的中國，必然會引起鄰國不安，改變亞洲均勢，威脅亞太地區的和平與穩定。

第三，只有透過民主制度的全面施行，才能以法治化的機制及透明化的政治運作過程，增進兩岸互信，並確保雙方切實遵守協議，共締雙贏新局。[1]

在此，我很明確地否定了「一國兩制」之下中國共產主義與台灣資本主義共存的可能性，因為中國大陸所抱持的想法，不只存有根本上的矛盾，還遠離了我們所追求的目標。

1 編按：這一段引文沒有從原文進行二次翻譯，而是取自當時的實際演講稿。

台灣「脫胎換骨了」

接著我點出了我們應當追求的目標。

因此，我們進一步主張：

第一，雖然未來的中國只有一個，但現在的中國是「一個分治的中國」。中華民國於一九一二年即已成立，一九四九年之後，雖然播遷台灣，但中共政權的管轄權從未及於台灣。台海兩岸分由兩個不同的政治實體統治，是一個不容否定的客觀事實。

第二，中國的再統一應該循序漸進，水到渠成，不設時間表，視大陸地區民主化與兩岸關係的發展，決定「和平統一」的進程。

第三，在統一前，中華民國在台灣的人民應該擁有充分自衛的權利。這是二千一百八十萬人民與生俱來的權利，也是維護台灣地區民主化成果，促進大陸民主化的必要力量。

第四，在統一前，中華民國在台灣的人民基於生存、發展的需要，應該像五〇、六〇年代一樣，充分享有參與國際活動的權利，讓兩岸人

民有平等的機會，為國際社會貢獻心力。

第五，海峽兩岸應擴大交流，增進兩地繁榮，並以合作取代對立，以互惠化解敵意，為將來的和平統一奠定有利基礎。

第六，海峽兩岸應以彼此對等、相互尊重為原則，充分溝通，求同化異，在分治中國的現實基礎上，協商並簽署兩岸和平協定，結束敵對狀態，以促進兩岸和諧，維護亞太安定。[2]

我就是這樣，以台灣的成果為基礎來論述，台灣並非自古以來就是自由民主主義的國家，而是因為在戰後的半個世紀內，依序建構了現在的政治、經濟、社會型態，所以才能如此談論我們的經驗。

中華民國當初遷移到台灣時，如果台灣不是處於豐饒的狀態，也不會是安穩的區域，而國民黨所施行的可說是強權和獨裁的政治，不只「白色恐怖」橫行，與國民黨一同從中國大陸而來的外省人，也打壓著居住在台灣的本省人。

但是在那之後，台灣不但實現了經濟發展，在社會上也開始趨於安定，而政治上的總統直選更象徵了民主化的推進。

2 編按：這一段引文沒有從原文進行二次翻譯，而是取自當時的實際演講稿。

從現實面來看，中華民國實現了台灣在經濟、社會及政治上的發展，其成果的累積是毫無疑問的。同為中國人所經歷的這個過程，從中國的角度來看，應該比起任何的外國經驗都來得更有參考價值不是嗎？

中國人的文化和社會制度雖然有延遲中國社會進步的一面，但那並非全部，相反地，中國人可以一面實現經濟繁榮，然後一步一腳印地走上民主化之路，這點台灣可說已經精彩地證明了。

中國的人們對於我們一路走來的經驗應該也有許多想法吧！而且對台灣的關注，也讓他們發現到，中國現在的目標方向存有其根本上的深刻矛盾。

台灣至今經歷的民主化過程，並非只是屬於台灣的東西，我們反倒希望住在中國大陸的中國人能予以參考，把它當作未來既已統一之中國的的模範。

因此，我們完全無法同意中國強行主張的「一個中國」說法，但我們贊同現在正在進行當中的部分民主化實驗，並且希望這部分能夠成功。

我們期待中國能夠進行更進一步的政治改革，擴展民主化的廣度與深度，並發揮中國人更深一層的智慧與能力，朝向開放的多元近代社會前進。

當然，中國的問題與台灣相比自然更大更深，我們必須承認，過去我們所面對的問題，在問題的多樣性、複雜性以及嚴重性上，都是不及中國的。

但是，當問題越大越嚴重時，一旦走錯方向，那前方等待的勢必會是悲慘的結果，而且在這個錯誤的方向以失敗告終時，恐怕也會變成波及亞洲周邊諸國的大事件。

台灣政府能完成這樣碩大的成果，是因為台灣歷代的政府具有卓越的見識和企劃的能力。如果一開始就朝向錯誤的方向，就必須處理當下的問題，也無法推行政策，而且要是歷代政府的政策得不到人民稱頌賢明的反響，也不會有作為現在政治基礎的民主國民。

台灣人在某種意義上，已經「脫胎換骨了」，從獨裁政府之下的無力國民，蛻變為民主政府之下，充滿活力的國民。但是我們絕對不能忘記，這是耗費半個世紀，經過階段性過程而達到的成果。這不是一朝一夕就可以實現的成績，也不是經由暴力革命，一口氣了結的過程。

只要回顧以往，就會發現台灣走過的歷程，雖然是革命卻需要半個世紀的時間，而這數十年來，我自己深深牽連其中的急遽結構變化，也是「寧靜的革命」。

特殊的國與國關係

正如我在與司馬遼太郎對談時所表達的「生為台灣人的悲哀」，台灣的人們不得不依附於國民黨的政權之下，並從這樣複雜的局面開始慢慢邁向民主化。也正因為這是現在真正的事實，我才會說「台灣與中國的關係是國與國，至少是特殊的國與國關係」。

這句話是在一九九九年七月九日，回答德國國際廣播公司「德國之聲」（Deutsche Welle）專訪時所說的。他們在讚揚台灣經濟上的成功和民主化的成功之後，問了我這樣的問題：

「北京政府只把台灣視為中國的一省，在兩岸關係依然緊張的情況下，你認為應該如何處理這樣的危機？」

於是我便回答了「兩岸關係是特殊的國與國關係」，換句話說，在國與國的關係之上，我才必須考量這樣的危機不可。

其實在這個時候，中國海峽兩岸關係協會會長汪道涵的訪台行程已經從四月延到十月底，而我們也察覺到中國共產黨準備在國慶日的十月一日發表重要談話。

這一年的國慶日是中國共產黨建國五十週年，北京將會聚集來自世界各地的人，因此北京政府打算在他們面前宣告「台灣與香港並列，透過一國兩制合併」，一旦有了這個宣言的動作，台灣將會被逼入困境，所以有必要先發制人，在這個時間點明確表示「兩岸關係是特殊的國與國關係」。

只要提前這樣說，在汪道涵訪台之際就會變成「因為是國與國，所以彼此能夠對等談話」的情況。

過去中國共產黨雖然有個「台灣是叛離中國的一省」的說法，但就算沒有說到那種程度，只要是以「台灣是中國的一省，北京政府是其中央」的立場來台，就什麼也不用談了。

在此之前的前一年，汪道涵與我方海峽交流基金會的辜振甫董事長於北京和上海會面時，汪先生表現出「我是代表中央，台灣只是地方政府」的君臨態度，這種想法無論如何都必須加以改正才行，不然台灣將被驅逐到世界的角落而一籌莫展。

在考量台灣的認同該何去何從時，也有些人主張「台灣獨立」，可是說要「獨立」又是要從哪裡獨立呢？台灣現在並不是被哪個國家所占領，所以我認為沒有必要提倡「獨立」，自己也不會把「獨立」掛在嘴邊。

原因在於，中華民國是辛亥革命的結果，於一九一二年成立，而現在殘存於台灣。雖然中華民國確實在中國的內戰中戰敗，但是在一九四九年來到台灣之後就以軍事占領了這個島，於是國民黨政府有效控制了台灣。

依據《舊金山和約》，日本明確放棄了台灣，雖然沒有明言將台灣歸還給誰，但最後從國際法的觀點來看，台灣的確是中華民國的領土。

所以只要繼續保全中華民國的主權和地位，並修改憲法內容，讓中華民國成為新共和國，那麼也就沒有宣告台灣獨立的必要，只要把中華民國「台灣化」就好，也就是所謂的「本土化」。

當然，國民黨政府是外來政權，所以為了讓這個外來政權和台灣和諧一致地連結，就必須改變國內行政事務的政治形態，一九九一年以修憲為基礎所作的內政組織型態變更，就是為了達成這個目的。

於是進行民主化的結果，就是我們現在實際擁有能夠充分反映民意的政府，以及依據民意選出來的總統，已經具備作為一個國家的主要條件。

事實上，中華民國遷移到台灣後，漸漸台灣化的原委，我過去雖然稱之為「中華民國在台灣」，但最近更發展成「台灣中華民國」的意識。

那麼，台灣是否擁有主權，或者台灣作為一個國家是否能夠成立，其中還牽涉到國際法的問題，可是無論如何，只要現況能夠受到肯定，就沒有宣告台灣獨立與中國開戰的必要。

「台灣中華民國」

不過，台灣直到現在還欠缺了一樣東西，那就是尚未對國內外明白宣告「台灣是一個國家」。雖然有「中華民國在台灣」的說法，但還是沒有「台灣是主權國家」的主張，我想這是我們必須檢討並改正的問題。

中華民國從以前開始就存在，而中華人民共和國（中共）則是在內戰中占領中國大陸的政權，這是大家一直以來的認知。

而我則是在一九九一年明確地翻轉了這個認知。

我的主張是，現在的中國大陸政府依法占領且統治著中國大陸，所以我承認中國大陸的中共政府，而且兩岸的戰爭也應到此結束，從今以後應該彼此進行對話才是，我是這麼主張的。

到此我已經針對「一國兩制」的形式做了說明，但這樣還是不夠，應該是「兩個國家」的想法才是正確的，因此我們應該更進一步，正式承認中華人民共和國。

一旦承認了中共，對岸就是「新的國家」，而這邊就變成了「舊的國家」。

而這個「舊的國家」已經改變了，現在的中華民國，已經不是過去的「民國」，而是包括內容的一切都已經改變的「第二共和」（New Republic）。

一九九八年年底廢除了台灣省，然後憲法內容也做了相當的修改，但是憲法第四條裡關於領土的規定維持原狀。這個中華民國憲法第四條與增修條文第四條第五項，記載了很有意思的內容。

「中華民國領土，依其固有之疆域，非經國民大會之決議，不得變更之。」

因為國民大會已經廢除了，所以增修後的現行憲法條文已經變更為「若非經立法院與公民投票之決議，不得變更之」，內容雖然沒有改變，可是如此一來，這一條就變成不論在任何情況下都能夠適用。因為台灣現在依法統治的區域包括了台灣島、澎湖諸島、金門島以及馬祖島，所以可以說明這裡是我們的領土，因此沒有必要特別透過修憲來列舉台灣是一個國家的條件。

就算真的這麼做了，不只是中共，連美國也會受到刺激吧。

中華人民共和國是於一九四九年從中華民國分裂出來的，所以不論是以前還是以後，中華民國都會一直存在，而在中國大陸之上的，則是分離出來的新國家。

我認為這個想法是最妥善，而且符合過去事實的。

在變化的過程中，台灣現在的認同問題已經發展出了「台灣中華民國」的意識。雖然是重申，但中華民國已經不是以往的中華民國，而是「New Republic」，也就是所謂的「第二共和」，雖然不知這個說法會是由誰在什麼時候明確提出，但總有一天非得這麼做不可。

第三章

釣魚台列嶼與日、台、中

攝影—淺岡敬史

釣魚台列嶼之於台灣

中國現在正孕育著非常不安定與不確定的因子，例如，因為制度上的矛盾而帶來的不確定性，因為民主化沒有進展的不確定性，以及統治上人治而非法治的不確定性。如果不消除這些不確定性，就不可能從根本上扭轉。

這件事不僅意味著中國共產黨的不確定性，這裡頭也意味著可能產生超出當局能力所及的不確定性。

現在中國所面臨的結構變化是過去未曾有過的規模，因為中國不只開拓了廣大的大地，人口也非常之多，所以問題在文化上、社會上以及民族上都具有極廣的多樣性，其根深入的範圍可說是無邊無際。

而且與周邊諸國的極度不安定關係也是一大問題，要是為中國人民著想，就應該盡力避免國際間的摩擦才是，特別是與日本、台灣之間的關係，如果加深了緊張，也會對中國的方針帶來巨大的影響。

儘管如此，共產黨政府還是一如既往地採用霸權主義與鬥爭的方式，在南海的主權議題上，對東南亞諸國展露敵意。

現在與日本之間雖然因為釣魚台列嶼而持續處於緊張關係，但這個釣魚台列嶼的主權也牽涉到我們台灣，所以日台中三國的糾紛已經成為外交上的一大問題。

在台灣最先提出釣魚台列嶼的歸屬問題者，是現任總統馬英九，他在哈佛大學就學時，於一九七二年在國民黨系的《波士頓通訊》報紙上主張「釣魚台列嶼的主權為台灣所有」，釣魚台問題便由此開始。

這樣的發言大概是因為，當時處於聯合國準備公布海洋法公約，而且在釣魚台列嶼的海底也發現了石油，所以在消息交錯傳遞的這個時期，刻意為了讓台灣的一般大眾接受而說的吧！

二〇〇〇年民進黨取得政權後，屬於陳水扁總統的扁系第三任行政院長游錫堃，把釣魚台列嶼列入他出生地宜蘭縣中的頭城鎮裡，再也沒有比這更愚蠢的事了，不只是中國，連台灣的政府要員都在欺騙人民。

沒錯，台灣以前在日本統治下的時候，釣魚台列嶼與台灣的確有很深的關係，這是事實。

釣魚台列嶼的近海，自古以來就是海產豐富的漁場，不只是沖繩的漁民，台灣基隆、蘇澳的漁民也都在釣魚台列嶼的海域捕魚。然而沖繩漁民因為回程距離較遠所以比較麻煩，而台灣有基隆和台北兩個大市場，所以幾乎所有的沖繩漁民都在基隆住下並從事魚貨買賣。位於基隆港西北邊的和平島，在戰前被稱為社寮島，沖繩的漁民就是在這裡形成群聚地，在最鼎盛的昭和初期，據說居住了將近六百位的漁民。

最近幾年，這裡也設立了紀念碑，紀念因捕魚或戰亂而喪命的沖繩漁民，並述說當時沖繩和台灣的漁民一起在釣魚台列嶼的漁場捕魚的故事。

釣魚台列嶼不歸屬台灣，這是毋庸置疑的事實。

然而，日本在第二次世界大戰中戰敗，沖繩被美國占領，台灣則被國民黨政府占領，分別被置於不同的管轄之下。

在這樣的狀況下，不論是台灣的漁民還是沖繩的漁民，都還是共同使用釣魚台列嶼的漁場。可是，一九七二年，在佐藤（榮作）內閣的時候，釣魚台列嶼隨沖繩一起歸還給日本，於是沖繩回歸於日本的領土。

而日本政府對於台灣過去在日本統治之下，沖繩和台灣的漁民都在一起捕魚的行為缺乏了解，所以把台灣漁民習慣到釣魚台列嶼捕魚的行為視為國際法上的領土侵略，而驅逐台灣的漁船，也因此讓台灣的漁民開始騷動。

在我擔任總統的期間，一九九六年曾就這個漁場問題與日本的農林省商談，有鑑於漁業權和水利權都是具有習慣性的作業，所以我提議雙方應該簽訂協議。當時的農林省雖然想要對我方採取特別處置，但因為後來的政權交替，想法也隨之改變，於是漁業協議的問題儘管進行了十六次的會議，依然還是得不出任何結論。

在台灣有一個以香港為據點的民族主義團體叫做「愛國同心會」，他們利用這個狀況去煽動一部分的漁民，讓他們登上釣魚台列嶼來製造事端。而那些盲從說出「釣魚台列嶼是台灣領土」的人，都是無知又沒常識的台灣政客們，例如，國民黨的前行政院長，也就是現任副總統的吳敦義，以及上文提過的民進黨游錫堃。

二〇〇九年以來，日台之間雖然中斷了漁業協議的交涉，但在安倍首相提出「應該及早締結日台漁業協議」的指示之下，睽違四年的交涉才再度展開。接著在二〇一三年四月十日，雙方終於達成共識，簽訂了協議，這對一心期盼能為台灣漁民早日簽訂協議的我來說，真是可喜可賀之事，真可謂讓人大聲稱快的歷史性壯舉。

雖然有部分說法指稱，「是我經由他人去說服反對簽訂漁業協議的沖繩縣知事仲井眞弘多，所以日台漁業交涉能簽訂的大功臣是李登輝」，但這全是無稽之談，我對此事完全沒有任何接觸，這全都要歸功於安倍首相的決策。

至今為止，日台之間所面臨的重大問題，就只有這個釣魚台列嶼的漁業權而已，只要這件事獲得解決，台灣就再也沒有任何理由埋怨了，也不再有任何阻礙日台友好發展的事物，馬英九總統的主張也會變成虛言吧。

中國所覬覦的兩岸「共同反日」

中國見到這個狀況，便宣稱台灣是中國的一部分，並開始倡導釣魚台列嶼也是中國的領土，還在北京設立名為「釣魚台國賓館」的招待所，用來招待台灣的賓客。

二〇一〇年發生了中國漁船與日本海上保安廳巡邏船的衝撞事件，只要瞭解其中的原委，就不得不把這個事件視為台灣部分政治活動人士與愛國同心會等激進分子聯合中國的圖謀計劃。

日本把釣魚台列嶼國有化之時，在中國各地都發起了反日示威，可是看過電視新聞後，卻發現是公安在帶頭大聲疾呼，所以煽動示威的其實是公安。

而且在示威的隊伍裡，還有人舉著中華民國的國旗，明明不承認中華民國，卻企圖營造兩岸「共同反日」的印象。

中國國台辦也以「兄弟鬩於牆，但對外應該共同維護主權才是」，開始稱台灣和中國是「兄弟」。

當釣魚台列嶼隨沖繩一起歸還給日本時，無論是台灣還是中國都沒有表達任何異議，這或許是考量到美國的緣故，但最大的原因是雙方都知道釣魚台列嶼是日本的領土。

由薩摩主掌行政的琉球，在一八七一年（明治四年）因為廢藩置縣而改由鹿兒島縣管轄，並於一八七二年設置琉球藩，隨後改為沖繩縣。之後沖繩縣進行了釣魚台列嶼的實地調查，並針對釣魚台列嶼首度向清朝確認為不隸屬任何國家的「無主之地」後，於一八九五年把它以沖繩縣的管轄地列為日本的領土。

馬英九雖然拿出清朝末年的《上海新報》，說台灣以北的小島一直都是清朝的領土，但日本把釣魚台列嶼列為領土時，清朝沒有表達異議。

根據中華民國政府於七〇年代初期的報紙，「世界地圖集」裡把釣魚台列嶼歸屬於「琉球群島」，名稱為「尖閣群島」，所以日本已經依法管理了大約一百年之久。儘管百年來都在日本的法律效力下管轄，中國或台灣還是主張釣魚台列嶼是自己的，日本沒有主權，這在國際法上能成立嗎？

我在二〇〇八年訪問沖繩時，一邊與仲井眞縣知事吃飯，一邊談到「釣魚台列嶼是沖繩的」這件事，但知事卻只是沉默不語，這令我感到相當驚訝。

仲井眞知事的祖先來自中國，他也為此引以為傲。沖繩自明治以來，已經成為日本領土有將近一百五十年之久，而在明朝時，琉球也確實曾向中國朝貢。看過琉球王的王宮首里城之後，感覺文化上與朝鮮相當接近。在沖繩，至今還是有人覺得自己是日本人，也有人覺得自己是琉球人，甚至還有人會認為自己是來自中國的琉球人。這或許是沒辦法的事，但事實就是事實，必須明白說清楚才行。

我在台灣的中央大學演講時，有中國的留學生對我提出質問：「儘管釣魚台列嶼是中國固有的領土，但為何你要說那是日本的呢？」我回答：「是什麼時候成為中國的領土呢？請把證明的證據拿出來，我也會把那是日本領土的證據拿出來。」

他生氣地說：「那是個人的見解吧！」我教誨他說：「這並非見解，而是歷史上的事實。在判斷一件事情時，對政府所說的話不能囫圇吞棗，必須自己去調查，並客觀地看待事實才行。」接著告訴他：「台灣也不是中國的領土，而是未來中國民主化的模範。你不是學生嗎？先自己好好學習之後，再來說釣魚台列嶼是中國的吧！」然後把我所寫關於台灣歷史的兩本書送給他。

「千島湖事件」與「台灣海峽的飛彈危機」

如果現在的中國繼續維持霸權主義的姿態，那麼亞洲將不會有和平到來的一天。這不僅是亞洲的問題，從世界的角度來看，也是一個不尋常的問題。既是霸權主義又是民族主義的大中華主義，對亞洲各國而言都是令人害怕的思想。俄羅斯不也感受到了來自中國的壓迫嗎？印度也是一面感受威脅一面與中國對峙，其他國家或多或少也對中國感到恐懼。這樣下去的話，亞洲將無法迎來和平安定的日子不是嗎？

而且，遺憾的是，在面對中國時，日本是最軟弱的國家。至今為止的日本都是一邊遷就中國的意向來實行國內的政治，而且淪落到連對歷史的解釋也要與中國商量才行。

至於台灣與中國的關係，台灣海峽雖然曾經短暫充滿和解的氛圍，但是在一九九三年由江澤民就任國家主席之後，中國的野心外露，情況為之一變。

一九九六年的台灣總統選舉前夕，中共政府在台灣海峽進行大規模的軍事演習，並在台灣周圍發射飛彈，不過，在美國的兩艘航空母艦來到台灣海峽近海後，就馬上撤回軍隊。

這就是中國人的作法，一見到對手軟弱就欺凌，一旦強大起來就有所顧忌而退縮。這是非常中國式的戰略，與毛澤東的戰略如出一轍。因此，在面對中國時，日本應該明白說清楚為宜。

我來說說自己擔任總統時，是如何與中國抗衡的吧。

一九九四年，在中國浙江省的千島湖上發生了觀光船的襲擊事件，而且船上包含導遊、船員以及二十四名台灣觀光客在內的三十二人全都被放火燒死，這也就是所謂的「千島湖事件」。

然而這起事件在發生當時並沒有被公開，而是在事發兩天之後才由中國的廣播電台發出「一起火災造成船上所有人被燒死在船員休息室中」的第一則報導。可是，船上發生火災，怎麼可能三十二人同往一室避難，而且，中國政府和公安當局不僅對新聞報導進行管制，還以軍隊封鎖案發現場，加上觀光客的行李和遺物消失，火化的遺體欠缺頭部等等，實在有太多不自然的疑點。

我立即禁止飛往中國的航班，並停止台資前往中國的投資審查，強烈表達抗議。我們掌握了這起事件是由解放軍軍人所為的可靠證據，但中國政府卻以「這是分裂中國與台灣友好關係的政治性陰謀」來駁斥，於是我怒斥：「中國是土匪國家嗎？」於是中國政府也不得不承認這是人為的事件，而匆匆逮捕三名人民解放軍的退伍軍人，並很快判處死刑。

然而，區區三個人就能一次殺死三十二個人嗎？而且這三個人在法院還一邊看著什麼一邊說話，從一開始就已經計劃好了，所以連供詞也都是由公安當局預先設定好的，之後我才知道，他們在事發當日就已經在監獄裡了。

因為台灣政府的強硬抗議而慌張地找代罪羔羊來掩飾自己的過失，這完全就是中國一貫的作法。

之前已有提過，一九九六年第一次舉辦總統直選時，中國為了妨礙選舉而強行展開軍演，在台北和高雄的外海發射飛彈來加以恫嚇。

那些飛彈完全不可怕，因為我早就知道那些是空包彈，所以我對國民說：「那些飛彈虛有其表，裡面沒有火藥，只有輸入著彈地點的導引系統，這只是威嚇罷了，不用擔心，為了守護台灣，我已經握有十八套劇本。」藉此來讓國民安心。

我也向海外各國告知飛彈飛越的空域，並明確掌握飛機的安全飛行區域，呼籲民間航空公司要對此留意。

軍事準備自然重要，但預防股市震盪也很重要，因為台灣的市場反應對中國的情勢太過敏感。我雖然以國民黨的總統候選人身分忙於選舉活動，但還是召集了總統府與行政院的各部會首長，討論穩定市場的具體對策。

結果設置了總額兩千億新台幣的「股市穩定基金」，一旦股票行情快要暴跌時，就會進場來大量收購股票，藉以穩定態勢。

此外，為了因應國民紛紛湧入銀行窗口，造成擠兌騷動，國家也為民間銀行準備了兌換用的現金，總共為此準備了五百億新台幣的資金。另外也考量到不動產的價格會因為不斷出現企圖逃往海外的市民而暴跌，所以也準備了護盤的資金。當然，糧食也儲備了七個月份，用「要來就來」的態度，一一出招。

因為這些預防措施奏效，幸而未在市場上引起太大的震盪，即便遭到中國恫嚇，股市也能維持穩定。

中國的目的很明顯是要針對選舉動搖人心，而不是真的要武力犯台，所以要讓他們看到，台灣的經濟是不會因為飛彈而動搖的。當然，要是真的有武力侵略的話，就要採取其他的對策了。

只要沒有用強勢的態度去面對中國，這個國家就不知道會做出什麼事來，所以我們堅決地挺身面對，於是美國總統柯林頓在國會的驅使下，從橫須賀和中東派遣了二艘航空母艦到台灣海峽，中國因為害怕便退縮了。

美國在一九七九年承認中華人民共和國，並與台灣斷交，同時制定了《台灣關係法》的國內法，這能夠給予台灣維持現狀與安全的充分保障，所以裡頭明文記載，當台灣海峽發生狀況時，美國必須保護台灣。因此，只要中國在台灣海峽進行像是飛彈演習之類的，美國就不能裝作沒看到。

安倍首相的堅定態度

奇怪的是，日本很少有政治家敢明確對中國主張釣魚台列嶼是我們的領土，我無法理解為什麼日本人不敢明確地說出來。

先行恫嚇對手是中國這個國家常用的手段，只要對方受到威脅而乖乖聽話後，就會繼續施壓，目前為止的對日外交就是這樣的例子。

當中國漁船衝撞海上保安廳的船隻時，當時的菅（直人）首相很快就把逮捕的漁船船長給釋放了，這到底是在害怕中國的什麼呢？日本雖然在與美國的戰爭中戰敗，但並沒有敗給中國共產黨啊，而且戰爭都已經結束將近七十年了，為何現在還在繼續謝罪呢？

對韓國也是如此，當李明博總統打破外交規範而登上了獨島（竹島）時，野田首相什麼也沒做，反而笑著和李明博總統握手。如果我是日本首相，我應該會怒斥：「多少遵守一下國際上的規範好嗎？」

就是因為缺乏自信，所以即使當上了首相，也還是會變成那副德性。擔任首相卻沒有代表日本這個國家的決心，也沒有無論如何都要領導國家和人民往好的方向發展的強烈心態，因此一旦沒有說出該說的自信之言，一切就為時已晚，等到發覺時也來不及補救了。

安倍晉三當上首相後[1]，在訪問美國時與歐巴馬總統會面，斷言「釣魚台列嶼是日本的領土，對於來自外國的侵略一步都不會讓」，這樣的宣言是有其影響力的。在釣魚台列嶼的問題上，日本從來沒有一位首相敢展現這樣明確的態度，中國應該明顯感到受挫才是，所以現在比起民主黨主政時還要來得老實，中國人就是這樣，遇強則弱。

美國方面，前國務卿希拉蕊・柯林頓也曾發言表示：「釣魚台列嶼也在《美日安保條約》的範圍裡。」而且，前陣子訪日的歐巴馬總統也明確指出「釣魚台列嶼適用於《美日安保條約》」。

對於中共政府來說，美國還是不好惹的，所以最好不要過於造次，不過，在人民解放軍面前，還是得展現出強硬的態度。於是中國便以軟硬兼施的手段來試探日本，看日本如何管理自己的領土，以及保衛自己領土的意志是否強烈，不斷派出飛機、監視船和漁船，用「釣魚台列嶼是中國的領土」來進行挑釁。

日本有些可恥的政治家，對中國恐懼不已，甚至說出共同管理釣魚台列嶼這種話。對於中國的威脅，絕對不能屈服，一旦說出這種話，中國馬上就會對以美國為首的國際社會說出：「看吧！日本一直說自己擁有主權，但其實根本不認為是自己的領土，就是因為自己沒有在管理才會提出共同管理的想法。」

現在的美國有時也無法對中國強硬，所以不得不採取曖昧的態度。要是共同管理的提議成真的話，就如了中國所願。

中國知道無法透過陸軍的力量來擴張霸權，所以致力於海軍的強化。一旦日本讓步，中國應該就會以「共同管理」為由登陸釣魚台列嶼，在轉眼間掌控周邊海域，然後，那裡就會成為中國海軍長驅直入太平洋的突破口，這才正是中國的目的，因此，日本政府必須以堅決的態度來斷然拒絕中國的「共同管理」提議才行。

無論是對美國的絕對服從，還是對中華人民共和國的卑微磕頭外交，即磕頭行禮的外交方式，都不適合在全世界享有經濟大國地位的日本。

日本和中華人民共和國的關係，就像武者小路實篤所言：「你是你，我是我，但我們是朋友。」必須是「有區別的關係」。

如果考量到中國這個國家在本質上的不確定性，不管是日本還是台灣，都應該不為懸於眼前的這根「以中國市場為名的紅蘿蔔」所誘惑，而堅持用「你是你，我是我」這種堅決的態度來建立關係不可。

1 編按：安倍晉三在二〇〇六年九月時曾擔任日本首相，但是隔年七月即辭去首相職位；二〇一二年九月，安倍晉三再度擔任首相，故一般多以「第一次安倍政權」和「第二次安倍政權」來加以區分，這裡指的是第二次安倍政權時。

日本外交至今都是唯唯諾諾地接受對方的主張，看起來就是打算盡可能不引起任何風波的模樣。

不過，遺憾的是，有些國家越是被謙虛以待，就越是得寸進尺，而日本為何沒有發覺這一點呢？

基於這點，現在安倍首相的外交因為表現得堂堂正正，而獲得了高度的評價。雖然可以預期，安倍政權將成為一個長期的政權，可是為了不在更換領導人時讓一切回到原點，就必須有些預防措施。

商業的思考方式也必須改變，不能把重心放在中國，而且為了預防來自中國的威脅，必須確實從千島群島開始，把日本群島、琉球群島以及台灣、菲律賓和印尼連成一條島鏈來加以封鎖。

這個想法與當年後藤新平所想的南進政策相符，不過當時因為後藤新平要離開台灣前往滿州而沒有實行。

中國自顧自的推論

除了宣稱「釣魚台列嶼是中國的」之外，中國最近連沖繩本島也開始說是自己的領土，這其實是延伸「台灣是中國的一部分」的主張。日本人裡也許也有一些人認為台灣是中國的一部分，但這在歷史上顯然是一種充滿欺騙的謬論。

中華人民共和國的政府從來沒有統治過台灣，釣魚台列嶼和沖繩當然也是如此。儘管如此，中共政府卻大肆宣揚「中華民族」這樣的幻想，提倡大中華民族主義的霸權。

台灣四百年的歷史非常清楚，大約是在三世紀時台灣才開始被記載於中國的古老史書裡。明、清時代，當中國大陸沿岸的人們渡海移居時，早就已經有先住民在島上生活。十七世紀，葡萄牙人以「福爾摩莎」（美麗的島）稱之，隨後被荷蘭人短暫占領為據點。

關於之後在台灣的統治者，如下列要點所列。

一六二四年　荷蘭占領了南台灣的一部分。

一六二六年　西班牙占領了北台灣的一部分。

一六四二年　荷蘭驅逐西班牙。成為台灣的統治者。

一六六二年　明朝遭清朝所滅，明朝將軍鄭成功標榜「反清復明」，渡海來台，把荷蘭從台灣驅逐出去並建立了政權。

一六八三年　清朝併吞台灣，台灣成為清朝的一部分。

一八九五年　甲午戰爭後，清朝根據《馬關條約》把台灣割讓給日本，台灣成為日本的一部分。

一九四五年　日本在第二次世界大戰[2]中戰敗，受盟軍所托的國民黨軍隊進駐台灣，此為委託軍事占領。

一九五一年　日本簽署《舊金山和約》，其中雖然要求日本放棄台灣與澎湖群島的主權，但沒有決定台灣的主權歸屬，和約於一九五二年（昭和二十七）生效。此後，台灣維持「台灣主權未定」直到今日。

於是正如大家所知，台灣一共經過荷蘭、西班牙、鄭成功、清朝、日本，以及中華民國政府這六個外來政權的統治。

從一六八三年到一八九五年的這二百年間，台灣與中國大陸同為清朝的一部分，但在那之後，清朝放棄了台灣。

如果因為中國與台灣在清朝的時候都受其統治，就可以說「台灣是中國的一部分」或者「台灣是中華人民共和國的一部分」的話，那麼同樣占領過台灣的荷蘭、西班牙和日本也都有權力主張「台灣自古以來就屬於荷蘭」、「台灣是西班牙的一部分」

以及「台灣自古以來就是日本的」，由此可知，中國的這種推論完全是沒有根據又自以為是的想法。

台灣的確有很多來自中國的移民，但美國國民最早也多是從英國渡海而來，可是今天不會有人說「美國是英國的一部分」，台灣和中國的關係跟這個是一樣的。

台灣跟美國一樣是個移民國家，「台灣人」就跟「美國人」一樣，並不是依據地緣或血緣而集結的人們，而是共生在民主、自由的理念下，構築多元開放社會，維持自由組織狀態的人群集合體。

台灣與中國是兩個個別的國家，更不用說台灣不是中國的附屬國，這個事實必須分清楚。因此，根本沒有必要去和中國談論「統一」。

台灣人自己要明確保有這樣的認知，而台灣的軍隊也必須確實保護人民，毅然地挺身面對中國的攻擊。光擁有武器是沒有意義的，軍人和人民都必須擁有固守台灣的氣魄才行。在挺身面對中國的這層意義上，日本難道不也是如此嗎？

2 編按：此處原文為「大東亜戦争」，指的是日本在二戰時的遠東和太平洋戰場，與日本想建立「大東亞共榮圈」的想法有關，但因為日本在二戰時也只有參與遠東和太平洋兩個戰場，所以按一般習慣翻譯成「第二次世界大戰」。

韓國人和台灣人

日本的領土問題，也發生在日本與韓國之間的獨島上。朝鮮和台灣明明過去都曾有過被日本統治的時代，但為何在台灣這邊的人們卻對日本人感到非常親近，而朝鮮的韓國人卻是如此反日呢？

眾所皆知，台灣和韓國在二戰結束前都是日本的領土，不過話雖如此，台灣卻是作為殖民地，而朝鮮半島上的大韓民國則是與日本合併為一個國家，也就是一九一〇年的「日韓合併」，這和過去捷克和斯洛伐克合併為「捷克斯洛伐克」的案例相同。

而台灣這邊是因為清朝在甲午戰爭中戰敗才變成割讓給日本的土地。一八九五年四月十七日，伊藤博文和李鴻章在下關的春帆樓進行交涉，並簽下《馬關條約》，於是台灣成了日本的殖民地。

當時，清朝已在台灣設置巡撫，首任台灣巡撫是劉銘傳這號人物，他是李鴻章的部下，也是炮營的營官，雖然他因為李鴻章的關係而被派到台灣來，但在他之前的台灣，即便是在清朝的版圖裡，農民也都是自己自由耕作，而且當地盜匪氾濫，三年小亂五年大亂，是難治之地，因此不但沒有受到積極的治理，還被棄置不管。換句話說，這裡是文化所不及的「化外之地」。

十七世紀時，雖然有許多好不容易從中國大陸來到台灣的移民，但這些其實都是一些生活不下去的難民，在不得已的情況下才逃到台灣來。

有鑑於此，韓國人的待遇肯定會比殖民地的台灣人好上許多，就算韓國人多少會受到差別待遇，但基本上還是享有幾乎與日本人對等的待遇。舉例來說，假如到韓國赴任的日本員工或公務員的薪資是日幣一百圓的話，韓國人的薪資也會是一百圓，但我們台灣人卻是二等國民，只能拿得到日本人和韓國人的七成或八成。

有別於朝鮮的人，我們台灣人要入學就讀也是一件困難的事，入學人數按規定，舊制高等學校的一個四十人班級裡，台灣人頂多只有三到四個人，這並不是因為成績不好的關係。

儘管如此，當時台灣人裡成績優秀者，除了當醫生或律師之外，再無其他適合的職業，想要擔任官職更是難上加難。

在我進入舊制高等學校就讀時，是第二次世界大戰[3]快要開始的時候，剛從學校畢業的台灣年輕人當上了郡守，當時台灣的行政規劃是先在本地設置相當於府縣的州，然後才是廳，廳之下還有郡。

3 編按：此處原文為「大東亜戦争」，請參照本章注2（P.125）。

因為我喜歡歷史，所以曾想過要當一位西洋史的老師，然而，台灣人要在日治時代成為一位中學教師是相當困難的，成為小學校長的台灣人也只有五個人。作為殖民地，台灣雖然與日本本土擁有相同的教育，但在這些方面，無論如何都還是會有差別。因此，我放棄成為西洋史教師，把志向轉往農業經濟之路。

明明遭受到這般的差別待遇，為什麼台灣對於日本的態度卻還是與韓國有一百八十度的差異呢？

「日本精神」與「謝謝台灣」

台灣社會受到日本教育的影響很大。

因為教育把近代的概念引進台灣，讓台灣人懂得遵守法律和時間，並學習了金融貨幣經濟的基礎以及商業頭腦等等，漸漸塑造出新台灣人的模樣。

日本戰敗，中國大陸的國民黨最後來到台灣，成了新的統治者，他們把「五千年的中國歷史」強加在台灣居民身上並加以迫害。

對只顧自己的「中華思想」感到幻滅後，台灣人才重新體會到日本文化是如何地講究，以及日本帶給台灣的恩惠有多大。

台灣人樂於使用「日本精神」這樣的詞，這是台灣人在日治時代所學到的，在某種程度上可說是一種純種培養的產物，指的雖然是勇氣、誠實、勤勉、奉公、犧牲自我、責任感、清潔等諸多美德，但這個詞變得膾炙人口，其實是在戰後的事，用來表現台灣人自己那種與當初來自中國大陸的國民黨統治者們格格不入的氣質。

這就是後來台灣人開始把值得驕傲的素養或氣質自稱為「日本精神」的緣由，換句話說，就是根留台灣的武士道。正因為有這種精神，台灣在戰後才沒有被中國文化給完全吞沒，也才能確立現今的近代社會。

而朝鮮的情況則完全不同，因為朝鮮本來就是擁有長久歷史的國家，自古以來一直受到中國的偌大影響，所以只要看看他們的歷史，就會知道他們一直都是處於中國文化之下。

在這樣的過程中，韓國要以一國之姿而立就漸漸變得困難，而陷入非得依賴誰的支援才能存在的狀態，換句話說，到底是要和日本在一塊？還是要跟清朝在一塊？最後韓國選擇了日本，所以日韓合併了。

只要了解這個過程，就會知道韓國人與日本人的思考方式，有著根本上的差異，從最早開始就是兩個不同的個體。

台灣人和韓國人在看待日本的方式上完全不同，對於日本統治時代的見解也有明確的差異。如果只因同為日本統治過這點而把台灣和韓國相提並論的話，應該會產生很大的誤解。

台灣人有別於中國人和韓國人，一直保有非常親日的情感，所以日本應該停止一面倒向中國大陸的外交關係，從今而後改為加深與台灣的關係。只要見識過日本的教育，就能感受到日本對台灣的冷漠想法，所以我認為日本的外務省（外交部）也應該改變態度才是。

在日本311大地震的慘況中，世界各國雖然都對日本人守秩序與相互著想的行為讚不絕口，但知道日本的精神文化至今依然健在且感同身受的人們之中，台灣也占有多數。

為此，台灣以各種形式來協助日本重建，最後連捐款金額都超過兩百億日圓，成為全球之冠。

對此，日本的年輕人由衷表達感謝，而且聽說也改變了對台灣的相關認識。當時的民主黨政府雖然在美國和中國的報紙上刊載了致謝的廣告，但卻沒有出現在台灣，因此，民間自動自發的人們在推特（Twitter）提出了「謝謝台灣計畫」，號召大家募集刊載廣告的資金，並成功在《聯合報》和《自由時報》上刊載。

民主黨政府只顧慮中國的臉色而無視台灣，我想就連台灣的馬英九總統也無法理解台灣人為何會如此關心日本。

但是，從民間來看，台灣人和日本人的心是連繫在一起的。在台灣也有很多人希望日本能變得更強，並在國際社會中占有一席之地，台灣人一直都在關心日本。

再一次從民主黨手中取回政權的安倍首相，不但完成了延宕的漁業協議簽訂，也沒有日本歷代政治領導人表現出來的「中國第一」想法，在臉書（facebook）上針對台灣的幫助，感謝地稱呼台灣為「日本最重要的朋友」，很多台灣人都為此感到滿心歡喜。

這些事實可說是促進了台日之間存在四十年的表面關係，將其化為具體的形式。眼下的課題就是日本版《台灣關係法》的制定。自從「日中外交正常化」而與中華民國斷交以來，日台交流就一直欠缺法律依據，所以希望日本能夠參考美國制定《台灣關係法》這樣的國內法來維持外交關係，透過「日美台」的聯手，為今後新的遠東秩序建立良好的基礎。

我認為，為了對抗中國的威脅，並確保日本與台灣的安全與繁榮，我們必須穩定日台的經濟關係且促進文化交流，以及加深日本與台灣之間的羈絆。

第四章

重生的日本

攝影—淺岡敬史

日本煥然一新

日本能夠重新振作起來，實在是太好了。

安倍晉三先生再度擔任首相，促成了第二次的安倍政權，在推出大膽的金融政策之後，整個日本都煥然一新。確定主辦二〇二〇年的東京奧運後，全日本更是歡欣鼓舞了起來，連媒體都能看到態度上的轉變。只要把舵轉向正確的方向，光是這一點就能讓社會有所改變，這是我希望其他日本政治家能效法看齊的地方。

過去的日本政府總是一味地顧慮中國的臉色，幾乎無視台灣的存在，但安倍首相卻一口氣改變了這樣的局勢。二〇一三年三月三十一日，在日本政府主辦的３１１大地震二週年追悼儀式中，我們在獻花的各國外交使節裡，看到了混在其中的台灣代表身影。

在前一年的追悼儀式中，民主黨政權因為害怕中國的批判，而把全球捐款最多、超過二百億日圓的台灣排除在指名獻花的名單之外，對於這樣的無禮，據聞即使日本國內也有很多的批判，安倍首相對此做出了改正。

此外，安倍首相還在社群網站的「臉書」上提到了台灣的幫助，說台灣是「日本最重要的朋友」，很多台灣人對此都很感動。

安倍首相抹去了日本歷代政治領導者所表現出來的「媚中」外交，並對劇烈變動的國際社會做出適當的應對。

他一上任就馬上做出遍訪東協（ASEAN）各國的精彩舉動，完全不屈從於中國與韓國的不合理要求，在亞洲展開具有主體性的外交。日本原本就應該為了全世界成為亞洲的領導者。

之後不只是東協各國的訪問，也拜訪了蒙古、沙烏地阿拉伯、阿拉伯聯合大公國（UAE），並經由土耳其拜訪了波蘭，還與到訪日本的印度總理辛格（Manmohan Singh）進行會談，更訪問了俄羅斯與總統普丁交流。

這可以稱得上是緩和的中國包圍網，實在是明智的外交。而且在訪美之際，還對歐巴馬總統明確表示「釣魚台列嶼是日本的領土，我們不容許任何的侵略」。

對於中國，首相一上任就立刻把親筆信託付給公明黨的黨代表山口那津男，讓他轉交給習近平總書記，可是習近平一開始並沒有收下這封親筆信，這可真是令人驚訝。恕我坦白直言，對於國家領導人來說，這實在是不高明的作法，應該是因為他還沒掌握權力，地位也還沒穩固的緣故，所以害怕不小心收下這封信會受到批判，後來我想可能是在周圍的提醒下才終於收下這封親筆信。

如果是我的話，我會立即接見帶信前來的山口，並以「歡迎您來，謝謝您帶來的信」來問候他。接著我會這麼說：「因為目前還沒決定與安倍首相會談的場合，不久協調之後再行回覆。」只要像這樣說的話就不會有什麼問題了。

可是，因為他辦不到，所以才會不斷延後與山口的會面。總而言之，作為領導人的習近平也還只是這種程度的存在。

安倍首相讓日本外交轉守為攻

從安倍首相的外交可以感受到他出自於進攻立場的戰略性姿態，在面對中國這個課題時，不是以兩國對峙的型態，而是採取多角的觀點，在原本的美日同盟之外，與東協、印度和澳洲串連強化。

這些國家都認同日本行使集體自衛權，美國和澳洲更主動表態支持。會提出「日本軍國主義化」這種不合理的反對，除了中國和韓國之外，大概只有日本國內的部分媒體和知識分子吧。

幾年前鳩山（由紀夫）的民主黨政權曾多次提倡「東亞共同體的構想」，而鳩山現在好像也在名為「東亞共同體研究所」的團體裡擔任理事長。

但是，中國不可能會允許日本掌握東亞共同體的主導權，即便鳩山說這是為了建立新的日中關係，中國人還是一笑置之。

向美國靠攏的時代已經宣告終結，在當前這個爭奪西太平洋霸權的時代，說句失禮的話，提出「東亞共同體」的鳩山，腦袋裡到底在想什麼？

西太平洋的霸權爭奪戰，指的是能否掌握從麻六甲海峽到對馬海峽這條海上交通路線的主導權，而台灣就在這條海上交通路線的中心。美國也很留意這點，所以把它納入了軍事戰略的策劃，證據就是美國在西太平洋的軍力正逐漸向關島集中。

位於西太平洋上的霸權爭奪戰，是中國、俄羅斯以及美國這三國的競爭，又或者說是中國聯合俄羅斯與美國的雙邊競爭。

在這個圍繞著西太平洋的局勢當中，美日同盟應有的狀態，以及良好的日台關係可說是極為重要。

日本必須脫離消極的和平主義憲法，並建構新的軍備，然後與樂見其成的國家們攜手踏著積極的腳步向前邁進不可。

二〇一三年十一月，覬覦釣魚台列嶼的中國，單方面劃定了「防空識別區」，其範圍涵蓋了包括釣魚台列嶼在內的廣大東海上空，對於沒有遵從中國「指示」的飛機，中國威脅將會採取「防禦性緊急處置措施」。

此外，就在北韓第三代領導人金正恩以「陰謀顛覆國家的行為」將自己的姑丈，也是國內二號人物的張成澤即刻處死之際，張成澤被帶出議場，從法院被拖出來的照片馬上就被公開了。年輕的「將軍」和暴走的飛彈，或許才正要上演。

韓國一如往常的反日宣傳，最後不僅沒有停留在國內，還歇斯底里地走向全世界，日本將被這些反日國家團團包圍。

雖然我們都期待日本政府能有堅決的態度，但只要安倍首相能夠成功擺脫通貨緊縮，讓日本經濟復甦的話，以中國為首的周邊諸國，其權力關係自然也會改變，在安倍首相的腦海裡，應該正在描繪這樣積極性的展望吧。只要做出成果來，人民就一定能夠理解，希望安倍首相能夠跟隨信念，毫不猶豫地朝目的地前進。

安倍經濟學與「失去的二十年」

安倍首相一上任就打出了「安倍經濟學」（Abenomics）這樣的大型經濟政策，其第一步就是藉由實際上的調降匯率來擺脫通貨緊縮。這無疑是正確答案，也正是日本開拓邁向經濟復甦之路的唯一方法。

這十幾年來，我一直建議日本必須採用大膽的金融政策，像是將通貨膨脹設定為目標來擺脫經濟的窘況，同時擴大財政刺激來強化經濟，沒想到如今都在「安倍經濟學」中獲得了實現。

在這二十年間，日本的國力大幅衰退，從過去占有全球ＧＤＰ百分之十六的經濟大國掉到現在的百分之八以下，也從全球ＧＤＰ排名第二退到了第三，其中的關鍵原因就是一九八五年的《廣場協議》，這個《廣場協議》給了日本經濟致命的打擊。

一九八五年九月二十二日，為了美元幣值過高所苦的美國，在紐約廣場飯店與Ｇ５的日本、英國、法國、西德五國簽署了修正美元幣值過高的《廣場協議》，也就是決定調降美元幣值的協議。

這個協議的結果讓原本一美元兩百三十五日圓的匯率升到了一百五十日圓，而日圓在這次升值之後也持續維持強勢，從二〇〇八年的雷曼兄弟以來，日圓又更進一步升值了。

到底日本政府都做了些什麼呢？

日圓從一美元兩百三十五日圓升到一百五十日圓之後，便出現明顯資金過剩的現象，也就是通貨膨脹。為什麼沒有注意到這一點呢？察覺到以後為什麼還是置之不理呢？為什麼沒有採取緊縮性貨幣政策之類的通膨對策呢？只能說當時帶領日本政府的日本領導人們實在太沒用了。

針對這件事，我們因為做出了適當的應對，所以台灣才沒有出現通貨膨脹。

在我擔任副總統的一九八五年，一美元是四十元新台幣，美國對此施壓，打算把匯率調升到二十五元為止。當時，我在台灣大學經濟研究所擔任教授時的學生，陳昭南和梁國樹等專家針對通膨列出了七項長期措施與七項短期措施，總共十四項的提案，我建議蔣經國總統採用這些提案，但懦弱的行政院長最後只採用了其中一項。

那就是建立商業銀行的外匯存款制度，只要外匯流入，就能在商業銀行進行存款。商業銀行有別於中央銀行，因為不能發行貨幣，所以外匯金額不會在市場流通，台灣也就不會產生通貨膨脹。

但日本的情況是，從海外進來的金錢不斷流入日本銀行，而日本銀行卻毫無對策，只是不斷地印鈔票。在全球化這樣國際性的經濟局勢變化之下，用錢買錢的時代已然來到，換句話說，金錢本身就是「商品」。當金錢成為投機的對象，這種買賣就會開始牽動經濟整體。即便如此，日本銀行還是持續發行日幣。

因此，金錢就如洪水一般滿溢於大街小巷，日本迎來了空前的景氣泡沫化。尋找投機對象的過剩金錢流向了股票和不動產，結果造成地價持續高漲，完全看不到盡頭，利率也隨即上升。也因為大家只顧借錢來從事投機活動，結果也讓不良債權不斷增加。

日本企業因為極度的通貨膨脹而變得無法在國內經營，只好出走到海外的中國或韓國等地，中國最後也因為日本企業帶來的資本和技術而突飛猛進，韓國也是如此。

在泡沫化到達巔峰之後，日銀總算開始採取緊縮性貨幣政策，但早就為時已晚。不一會的時間，地價下跌，股市暴跌，一連串的破產相繼出現。銀行背負不良債權，經濟一下子停滯下來，變成了通貨緊縮，於是日本陷入長期的大蕭條，也就是「失去的二十年」的開端。

期待日本銀行的改革

日本經濟雖然曾經暫時出現復甦的趨勢，但這頂多只是仰賴出口的結果，此刻政府應該是以國家計畫的形式在各個領域一鼓作氣提出政策的時候，但政府幾乎什麼也沒做，反而再一次對國內的諸多問題置之不理，於是日本在二〇〇八年面臨了雷曼衝擊（Lehman shock）引發的世界金融危機。

日本歷任首相雖然都有針對這個經濟難題進行處置，但由於想法上的根本性錯誤，導致那些政策完全無法成功。

人民明明正在受苦，野田前首相卻說出了要增加消費稅的發言。雖然我曾向野田首相提出建言：「請仔細想想，『加稅』說起來簡單，但如果在經濟衰退之時，讓人民生活得更加辛苦的話，就會連國民一直守護的日本精神都一塊失去。」但最後他還是不顧反彈、強制實施。這是因為他想保住因為長期不景氣而持續減少的稅收，所以聽從只考慮他們自己的財務省建議，把消費稅率提高。的確，安倍政權也曾決定增加消費稅，但安倍政權在加稅前曾實施利多的經濟政策，這與毫無作為就加稅的野田政權，在作法上有根本的差異。

不管是官員、政治家還是經濟學者，全都有問題，但日本銀行應該負起最大的責任。就我看來，日本經濟會遭遇到有「失去的二十年」之稱的大蕭條，其根本原因就在於一九九〇年代以後，負責金融政策的日本銀行實施了錯誤的管理。

儘管處於通貨緊縮的不景氣之下，日本銀行卻因為害怕通貨膨脹而把物價上漲率抑制在零，之後再把責任全丟給政治家和財務省，這種作法顯然是錯的。

日本銀行身為日本的中央銀行，雖然在一九九七年經由《日本銀行法》的修正而從政府「獨立」出來，但中央銀行在面對國家的政策與經濟的變化時，不應該保持中立的立場，而是應該積極協助才是。

中央銀行被賦予的「獨立性」並非政策目標的獨立性，而是手段的獨立性，也就是說，要不擇手段來達成國家的重大目標，而不是在未經政府許可之下，擅自訂定目標，連採取措施都自行判斷。

白川（方明）前總裁就是對此有所誤解而擅自制定政策。另外，按照現行的《日本銀行法》，不管日本銀行的判斷錯得再離譜，日本內閣也無法罷免總裁以下的政策委員。

因此，安倍首相實質性地換掉白川總裁，改任命倡導採用「量質兼備寬鬆貨幣政策」（QQE）來擺脫通貨緊縮的黑田東彥為新任總裁，這個手腕真是高明。為了突破經濟的困境，新任的黑田總裁認為應該把通膨目標定為百分之二，採取大膽的金融政策，同時擴大財政刺激來強化經濟。

早在二〇〇三年，我就已經投稿到《論戰·突破通貨緊縮：31人的建言（中公新書La Clef）》[1]一書，表明「日本現下的唯一解決之道就是調降匯率」，因為藉由調降匯率可以增加日本的出口，只要日本的出口增加，就能提高日本的經濟成長率，一旦成長率提高了，就能減低失業人口，景氣也會轉好。

1　編按：這本書是日本中央公論新社於二〇〇三年的出版品，「中公新書La Clef」是他們出版的書籍系列名稱，《論戰·突破通貨緊縮：31人的建言》（論争・デフレを超える—31人の提言）是此系列的第七十九冊，其中收錄了作者在這裡提到的一篇投稿〈為了全世界，成為亞洲的領導者〉（世界のためにアジアの指導者たれ）。

可是，日本因為顧慮到國際關係，所以日圓的貶值政策一直被視為禁忌。一旦調整匯率，就會招來其他國家的批判，因為日圓的貶值政策會導致其他國家的失業人口增加，所以有人也會把這種政策批判為以鄰為壑的政策，可是只要出口增加，國內景氣復甦，日本經濟起飛的話，進口自然就會增加，其他國家也能因此獲得利益，所以不需要擔心，重要的反而是領導者的決斷。

從安倍首相任用濱田宏一這位過去斷言「貨幣寬鬆政策對通貨緊縮最有效」的優秀學者為內閣特別顧問來看，安倍首相的決心可見一斑。

以下節錄上文提及《論戰．突破通貨緊縮：31人的建言》一書所收錄的文稿內容：

通貨緊縮不單是經濟的問題，也是日本政治領導能力的問題，如果日本無法脫離對美國的依賴，並在精神層面從中國的藩屬關係中跳脫出來的話，就無法擺脫現在的困境。經濟上與精神上的獨立才是日本處於國際社會之中，擺脫通貨緊縮的重大關鍵。

安倍首相現在不只提出金融政策，也把實行大膽的國內投資當作政策提出，在此之前的日本，大型公共建設常因為「國債的發行餘額過高」或「已經沒有經費」等理由而飽受批判。

但是，安倍首相打算在十年內進行二百兆日圓的「國土強化計畫」。要掌舵一國的經濟，必不可缺的就是強大的領導能力，而安倍首相正具備了這樣的能力，所以我對安倍首相的領導能力寄予厚望。

「零核電」的非現實性

邁向重生的日本，如今所要面對的重大課題就是與經濟息息相關的能源問題，也就是核能發電的問題。日本目前因為福島第一核電廠的事故而處於「零核電」——也就是出現不要任何核能的聲音。被投下原子彈的日本是世界上唯一一個遭受原爆的國家，所以類似這次的事件一旦發生之後，不只是核能開發，對於核能發電也會出現拒絕的反應。

但是，日本和台灣一樣都是沒有石油或天然氣等能源資源的國家，所以不得不仰賴核能。由於有限的天然資源已經快要接近枯竭，所以想要達到「零核電」其實是相當不切實際的，因為能源只要仰賴進口的話，經濟也會受到限制。

決定「放棄核電」的德國，似乎要引進太陽能發電，可是太陽能在下雨或下雪的時候就無法使用，因此，德國目前正在非洲的撒哈拉沙漠進行一項巨大的投資。該怎麼把電從撒哈拉沙漠送到德國呢？顯然會出現巨大的耗損，所以也說不上是切實的作法。在我看來，太陽能和風力發電，以及依靠海流或潮汐來發電等等都有它的極限存在。

身為領導者，不應該隨意附和公民運動，而輕率地脫口說出「核電危險」或是「放棄核電」，反而應該致力於研究安全的核能發電才是。核能發電已經有一些新的方法，在國際上的研究也有相當的進展。

目前的核能發電模式，是美國通用電氣公司（General Electric Company）在「曼哈頓計畫」（Manhattan Project）中為了製造原子彈而採用的核分裂方式，因為以鈾元素為原料所以一定會產生鈽元素這種副產物。落於廣島的就是使用鈾元素的原子彈，而落於長崎的則是使用鈽元素的原子彈，這實在是極為殘酷的暴行。

鈾元素經過核爆就一定會產生鈽元素，而鈽元素的輻射量和毒性都很強，據說半衰期（輻射強度降低一半的時間）為二萬年以上。

除了輻射之外，核分裂的時候會產生熱能，而發電機的運轉就是藉由這個熱能產生的高溫高壓水蒸氣來推動，所以為了冷卻這兩個部分的冷卻裝置就成了問題所在，福島第一核電廠的事故也是因為冷卻裝置停止運轉而陷入一片混亂。

因此，只要廢棄美國通用電氣公司為了製造原子彈而開發出來的方式，去思考不使用鈾元素和鈽元素的核能發電就好，而不是過於簡化地想著核電廠有危險所以要廢核電，應該要去尋求新的燃料和新的方向。

日本有很多有能力的研究人員，如果考慮到國家的未來，就應該活用這些人才。日本的目標應該是「安全的核能發電」而不是「零核電」，就如前文所說，我們應該用「核融合」的方式來代替目前核能發電所採用的「核分裂」。

現在全世界都期望能夠實現的「核融合」發電，才是日本人應該成就的大事。在台灣，這個領域的研究幾乎都沒有辦法進行，所以從台灣的立場來看，在日本的大學與民間的研究機構裡，能夠進行研究的情況，實在令人感到羨慕。

話雖如此，日本政府給予這個領域的研究補助仍然談不上充足，如果這樣的狀態持續下去的話，研究人員就只能到海外繼續研究，這對日本而言會是莫大的損失。

在福島的核電廠事件之後，美國的前國務卿希拉蕊．柯林頓對日本想要終止核電的情形感到憂心。核電的問題不只關乎能源，也與安全保障有關，如果日本放棄核電的話，研究人員和技術人員就會出走海外，如此一來，重要的技術就可能就會流入中國與其他國家，美國害怕的就是這種情形。

夢想的核融合發電

核分裂的發電方式是以鈾元素和鈽元素作為燃料，但核融合的燃料卻是氫元素，由於氫元素可以從海水取得，所以核融合的方法一旦成功，就再也不需要石油了，而且還能解決全世界的二氧化碳問題，因此在環境保護層面也具有重大的意義。因為沒有使用鈾元素，所以不但沒有爆炸的問題，也沒有「再臨界」的問題，更不會引發爐心熔毀（meltdown），加上不會產生高放射性核廢料，自然是安全又無輻射汙染。

雖然氫元素從海水取得就可以了，但是水的化學式為H_2O，氫原子只有2而已，可是只要把它透過現有的奈米技術（以十億分之一公尺的精度來加工、測量的技術）就能增加到10，藉此就能以低成本的方式來獲得大量的氫元素，這個技術已經在日本的大學和企業裡進行研究，也已經知道背後的理論，雖然要打造成實用的設備，可能在某種程度上還需要花點時間，但可能性卻是非常的高。

目前有一種在常溫，也就是在室溫下用氫原子進行核融合反應的「冷核融合」（Cold fusion）技術。

早在一九八九年，美國猶他大學的龐斯（Stanley Pons）教授和英國南安普敦大學的弗萊希曼（Martin Fleischmann）教授二人就已經成功完成氫融合的冷核融合，但是卻陸續遭到來自哈佛大學、麻省理工學院、芝加哥大學以及耶魯大學的物理學者批評，因為即使實驗成功，可是理論上無法解釋的話，還是會飽受猛烈的抨擊，結果二位教授不得不離開大學。據說在這些猛烈抨擊的背後，都是由開發了核分裂方式的通用電氣公司，以及握有石油利益與權力的人們所主導。

在蘇聯雖然也有學者成功完成了氫的核融合和冷核融合，但果然還是被抹殺掉了，因為蘇聯是天然氣和石油的資源國，所以如果開發出像這樣的技術就糟了。美國的海軍研究所也持續在進行這樣的研究，雖然已經明確知道可行，但是卻沒有公開，因為從現有能源獲得龐大利益的那群人是不會允許的。他們會僱用依附權勢的學者去借用理論來加以抨擊，或是透過某些方法來加以抹殺。

為了讓新技術的開發有所進展，除了不能屈服於這股壓力之外，媒體的力量也是不可或缺的吧。大眾傳播媒體必須站在科學的立場，不斷把新技術的相關研究事實傳遞給人民知道，而說出「核電不管怎樣就是危險」的當前日本媒體，說白了，我認為他們就是不科學。

小型釷燃料核電的可能性

「核融合」發電還有像是藉由磁場隔離電漿來獲取能源的「磁局限融合」，和藉由射擊雷射在填入氘元素之類的燃料球來產生核融合的「慣性局限融合」等方式，這些目前都還處於研究階段。

目前核融合的方式被視為「未來的核能發電」，即使現下還是不得不使用核分裂的方式，但其實已經可以建造出比通用電氣公司的方式還要安全的核電了。

那就是使用釷元素的方式，這也具有很大的可能性。

釷元素的蘊藏量比鈾元素還要多，發電效率也比較高，產生核廢料也少，而且具有不易引起爐心熔毀以及因為不會產生鈽元素而難以移作核子武器使用等優點。如果是這種釷燃料核電（釷熔鹽反應爐）的話，就不需要冷卻裝置了，所以不會發生類似福島或車諾比那樣的事故。

這種釷燃料核電其實並不是什麼新技術，早從一九六〇年代以來就已經開始提倡，但在技術問題之外，釷燃料核電不易淪為核子武器的優點，在當時那個核子開發競爭激烈的時代卻反倒成了缺點，但是到了今天這個高度尋求核電安全性以及伊朗和北韓等發展中國家的核子武器開發成為問題的時代，釷燃料核電又再一次吸引了目光。

在日本方面，二〇一一年逝世的古川和男博士，他長年持續的研究已有了實際的成果。而過去在第一次安倍政權時曾擔任教育改革會議委員的前早稻田大學教授，也是現任靜岡縣知事的經濟學者川勝平太，他也在提倡釷燃料核電。至於中部電力株式會社，似乎正在進行基礎的研究。

再來看看海外，在美國和中國的研究已經開始，而挪威和英國也已經合作展開實驗。跟我關係良好的微軟董事長比爾．蓋茲，也對開發釷燃料核電技術的創投公司投資了十億美金而成為話題。

而且這種釷燃料核電能夠小型化，跟現在可達三百萬或四百萬千瓦發電量的核電不同，舉例來說，可以興建一千瓦到數萬千瓦的小型熔鹽反應爐，假如把這個置於東京都廳舍的屋頂上，東京地區的電力供應就能比從福島送電要來得更有效率。

台灣因為採取「南電北送」這樣的政策，所以發電廠幾乎都在南部，雖然從位於本島最南端鵝鑾鼻的核三廠千里迢迢地把電送到北部，但過程中會有將近百分之四十的電力耗損。除此之外，也可能像一九九九年發生的台灣大地震那樣，造成好幾處變電廠受損，而造成台灣北部的電力不足七百萬千瓦的情形。

因此，北部的新北市現在雖然正在興建核四廠，但卻引發了大規模的反對運動。

如果是這樣，倒不如讓國營的台灣電力公司民營化，分成大約六家電力公司，並在各個縣市興建一座小型的釷燃料核電廠，這樣還比較好。

只要各個縣市都有一座十萬千瓦的小型核電廠，就能充分供應一個縣市所需的電力，如此一來，也不會產生電力耗損。

通過長距離把電輸送到遙遠的地區，這種作法從一開始就錯了。將來最好的核電廠形式將不再是百萬千瓦的發電廠，而是讓各個地方政府都擁有大約十萬千瓦的發電廠。

像日本或台灣這種缺乏能源資源的國家，對於核電不該只有贊成或反對的二選一，而是應該討論第三種選擇，也就是該如何發展安全的核電。只要有日本的技術，這就很有可能實現，而這個第三種選擇也正是日本的重生之道。

安倍新政權與其使命的重要性

在第一次安倍政權的時候，為何無法順利運行呢？要我說的話，我認為或許是順序上出了錯。

當時雖然以修正《教育基本法》為首推出了傑出的政策，但是卻太急於完成「擺脫戰後體制」[2]這個修憲的最終目標。

我建議設置的國家安全會議，最終也無法在我的第一次政權時達成。所謂的國家安全會議，是在我擔任台灣總統時，一種非常有效發揮的機制。以日本來說，就是在內閣會議之外，藉以決定國家重要事項與政策的場合，各省的提案會在此向所有的首長提出，來進行自發性發言與討論，其中日本銀行總裁也會參與，最後再由首相讓各省廳把所得結論帶回去給官員們實行。

日本的政府組織存在著各種問題，其中雖然有很多首長對官員言聽計從，但只有用這種方式進行，首相的工作才能真的順暢易行。安倍首相當然也想這麼做，但可惜的是，因為有閣員反對而沒有實現。

這次安倍首相設立的國家安全保障會議（日本版的國家安全會議），也是在第一次政權時無法辦到的事情。那時安倍首相的提議會被退回，是因為後來繼任首相的福田康夫說：「現有安全保障會議的功能已經足矣。」這次通過創設國家安全保障會議的法案是一大進步。

2　編按：「戰後體制」的日文原文為「戦後レジーム」，是安倍晉三在二〇〇六年擔任首相時所提出的詞彙，為日文漢字「戦後」與外來語「régime」的混合字，比起日本過去慣常使用的同義詞「戦後体制」，更帶有批判的味道。

從反省第一次政權時的挫敗出發，第二次政權首先針對日本經濟提出徹底的大規模經濟政策，也就是所謂的「安倍經濟學」，只要能夠實現經濟復甦，不論是人民的生活還是國際關係，都會自然而然地朝向正面的方向前進。安倍首相這次讓人感覺到他已經完全了解政策的方向與施行的順序。

二〇一二年十二月十六日，自民黨和公明黨在眾議院議員總選舉中獲得壓倒性的勝利，因此誕生了第二次安倍政權，這可以說是給了日本重生最後一次的機會。儘管選舉得到了壓倒性的勝利，但安倍先生當天卻幾乎見不到任何一絲笑容，由此可見他已經自知寄託於安倍新政權上的使命有多重大。

之後在二〇一三年七月二十一日也獲得了參議院選舉的勝利，如此一來就可能出現長期的安定政權。

接下來就可以順利推行政策，開始循序漸進地著手於第一次政權時留下的課題，從設置國家安全保障會議、行使集體自衛權，到最終目標的修憲等等，都需要發揮強大的領導能力來重整日本戰後累積多年的課題，藉此達到預期的日本重生。

當前的課題就是以百分之二通貨膨脹為目標的公共投資，主要有東北的重建工作和全國老舊基礎建設的維修，這些都必須及早進行才可以。

我認為日本也需要住宅改革，因為日本人每人平均的居住面積比台灣還要小，明明每人平均國民所得將近五萬美元，在全世界屈指可數，卻居住在這麼小的房子裡，因此，需要斷然進行住宅改革。只要與地方政府一同進行都市計畫，讓都市的住宅面積比目前大上至少一倍的話，國內的消費也會有顯著的提升，因為不管是電視、冰箱還是沙發或床鋪，都是必需品，所以家電和家具的消費也會增加，帶動景氣上升，對於基礎建設的維修也會有直接的效果。

一旦加入跨太平洋戰略經濟夥伴關係協議（TPP），日本一半的農家應該都會受到極大的衝擊吧，所以必須以此為契機讓農業往企業化與現代商業化邁進，打造強盛的農業。

雖然這些都是非做不可的事，但最終的重大課題應該是目前美日關係的轉換吧，日本必須讓美國可以明確說出「亞洲是由日本肩負，所以亞洲的安定要由日本負責」。為此，日本必須保有獨立於美軍之外的軍備，然後進行修憲，因為目前的憲法是美國強制戰敗國日本施行的版本，裡頭有許多不平等的面向，所以必須修正以第九條為首的很多地方。如果要讓美國認可這件事，日本就必須擔負起作為自立國家所應該負起的責任，這對當前的日本而言，可說是最重要的課題。不過，那都是將來的事了。

對安倍首相的聲援

經由長年以來的政治活動，我雖然學到了「定下明確目標」、「擁有信仰的力量」以及「具備方法論」這些作為一國最高領導者之條件的重要性，但我想傳達給安倍首相的訊息是「謙虛與冷靜」的重要性。

日本的經濟狀態向上提升，國民的心情也會趨於溫和，現在安倍首相被國民寄予了高度支持，首相對此應該表達出感激不盡之意才是，而且必須對自民黨的資深議員和年輕的新任議員，以及在野黨和媒體抱持敬意，讓他們知道自己有意說明自己的目標所在，願意低頭徵詢他們的意見並側耳傾聽。人在面對謙虛的人時才會願意配合，然後才能慢慢突破難關。

看到現在的局勢，我想安倍首相有善用第一次政權的反省，不再求快而是按部就班地一步一步前進，這是非常正確的戰略。

我在促進台灣民主化時，也是按照民主程序一步一步走過來的。不過，在這樣的過程中，所有產生的摩擦都會歸咎於領導者，常常會被批評為「老說著民主化之類的言論，卻也只會做這些事而已」，或是「老說著要促進民主化之類的言論，所作的卻只是虛應故事罷了」。儘管如此，從領導者的角度來看，對於這些批評，既不能用高壓的方式去做出好像要切割的行為，也很難用強硬的方式去做出好像要與既得利益者切割的行為。

在《聖經》的〈哥林多前書〉第十三章裡，有一段關於愛的描述：

愛是恆久忍耐，又有恩慈；愛是不嫉妒；愛是不自誇，不張狂，不作害羞的事，不求自己的益處，不輕易發怒，不計算人的惡，不喜歡不義，只喜歡真理；凡事包容，凡事相信，凡事盼望，凡事忍耐。

站在對方的立場著想，凡事不求己利，這才是愛，另外，對我來說這也曾是「政治」，而且愛也是「凡事忍耐」，我已經親身體驗過忍耐在政治上有多麼重要。

政治家必須放在心上的是，面對問題時「不要直線思考」，要放棄到達目的地的直線，不該只尋求最短的距離，而是反過來努力尋找繞道的路線。

雖然走高速公路會經過收費站（Turnpike），看起來好像是繞遠路，可是走一般道路的下場，卻是常常捲進塞車的車陣當中而動彈不得，所以就算看起來是繞遠路，通過收費站還是會比較早到達目的地，這就是所謂的「大道理論」（Turnpike Theorem）。

政治上有很多適用於這個理論的案例，特別是在目標越大的時候，迂迴作戰的程度也要越大，所以對於直線式的想法不可不慎。

時間之於政治是必要的，如果說時間是政治的資源也不為過。以結果來看，政治就是忍耐，有勇氣忍耐並等待「時機」，才稱得上是真正的「武士道精神」吧！

昭和天皇也是把應該作為政治領導者理想的「武士道」具體呈現出來的人，正因為如此，那個有名的麥克阿瑟才會一下子對天皇感到由衷的尊敬，因此，我想把貼切表現出天皇「武士道精神」的天皇短歌送給安倍首相：

落雪深積枝頭上
寒松堅忍不改色
人亦應如此屹立[3]

3 編按：這首短歌是昭和天皇於終戰隔年（一九四六年）所詠頌的作品，用白話文解釋就是：就算白雪落下，積於松樹枝頭上，松樹依然堅忍，保持長青，很有風骨與氣概，人跟松樹一樣，也會有積雪的艱困時刻，所以希望能像松樹一樣堅忍屹立。

第五章 領導者的條件

攝影—淺岡敬史

比起人命更重視奉承的民主黨政府

二〇一一年三月十一日，很多台灣人都帶著悲痛的心情在關注發生311大地震的新聞，然後對日本國民遭逢前所未有的災難，非但不怨天尤人，還能一直承受並井然有序地等待救援的守秩序模樣感到感動與尊敬。

不只有台灣人，應該全世界都對日本人的明智舉動、良好態度以及端正的禮儀為之驚嘆，只有日本人自己沒有察覺到這一點，從國外的角度來看，日本確實是一個精神面傑出的民族。

我在擔任總統時的一九九九年，台灣中部發生了大地震，日本在當天之內就率先全球，派遣了一百四十五人的國際消防救援隊到台灣，這在各國的救援隊中也是規模最大的。在那之後，還以眾議院議員小池百合子為窗口，送來阪神大地震時所使用的一千戶臨時住宅，而且捐款也是全球最多，讓台灣人有不愧是日本人的感動。

那時接受了來自日本的恩情與友情，不只是我，就連台灣人民也銘記在心，台灣人最重視友情了。

當時曾野綾子女士從她擔任會長的日本財團申請了三億日圓的捐款。然而，台灣政府當時已經募集到許多捐款，所以在考量如何更有效運用的我，便從中撥出了一億日圓來整備「中華民國國際搜救總隊」這個民間NGO組織的搜救隊設備與高科技儀器。

我跟曾野女士約定，「一旦日本發生了什麼事情，這支搜救隊會率先派往」，後來履行這個承諾的時刻來了。

可遺憾的是，那時卻意外遭到了來自民主黨政府的相關人員拒絕。

發生大地震的隔天十二日早上，我委託女婿賴國洲向作為日方聯絡窗口的財團法人交流協會台北事務所交涉，詢問應該派遣搜救隊到哪個受災區，但因為是星期六，所以沒有取得聯繫。所謂的交流協會，就等同於日本在台灣的大使館。

後來透過其他管道，我的日本人秘書總算聯絡上出席台中日僑學校畢業典禮的交流協會總務部長。他在電話裡是這麼說的：

「我會轉達給今井（正）大使，請稍等一個小時。」

過了一陣子，對方致電過來，但卻是下面這樣的答覆：

「日本尚未準備好要接受救援隊的協助，因此他們想先確認救援隊的人數，請提供負責人的聯絡方式。」

可是，當總務部長再次聯絡時，已經是隔了一天的星期日，也就是十三日的白天。

「因為狀況太糟，所以日本的地方政府方面也無計可施，不知道該怎麼辦才好，聽說晚點才會向救援隊發出請求，因此才沒有聯繫搜救總隊。」

正如大家所知，天災在經過七十二小時之後，存活率就會急遽下降，所以刻不容緩。而且，美國和韓國的救援隊當天就已經抵達日本，中國也表明將會派遣，既然如此，為何沒有對台灣提出請求呢？

我們等不及日本政府的回應，十三日早上八點，包含兩位醫師在內，總共三十五人的搜救總隊已經出發前往日本的成田機場。當我們得到總務部長回覆「晚點才會向救援隊發出請求」時，搜救總隊已經抵達成田機場了。

幫忙載送搜救總隊隊員和器材的是長榮航空，因為救援隊原本預訂的華航機票，遭到中華航空以「台灣外交部沒有許可」為由拒絕開票，結果坐困的救援隊在向長榮航空探詢之後，他們竟然免費載送包含數百公斤救援器材在內的所有隊員到日本，而在日本接待我們的是山梨縣的ＮＰＯ法人災害危機管理體系EARTH。

此時的日本政府除了顧慮中國的臉色之外，我想不到其他的理由，如果受災民眾知道這件事的話不知道會做何感想呢？著急等待救援的正是跟國家利害關係和政治意識形態無關的災民啊。

中國政府的救援隊於十四日抵達日本，媒體有報導他們在宮城縣進行的救援行動，但比他們早一天抵達的搜救總隊行動卻不太有報導，雖然他們以岩手縣大船渡市為中心進行了救援行動，但因為缺乏公關之故，這也是沒有辦法的事。

此外，日本政府還把台灣之名排除在對各國援助致謝的廣告之外，這和無視台灣的救援請求是相同的政治算計。

為了討好中國而踐踏台灣人民的善意，並拖延台灣救援隊的抵達時間，為此不知道有多少人因而喪命。我認為民主黨政府的判斷不是一個慈悲之人該有的行為，比起人命民主黨政府更重視奉承。

緊急時刻的軍隊角色

震災之後，菅（直人）首相搭乘自衛隊的直升機視察首相官邸到仙台附近的地方，期間曾經降落在東京電力公司的福島第一核電廠，卻沒有降落在出現眾多犧牲者或人們等待救援的受災地，只是在福島縣和宮城縣的沿岸地區上空進行視察後就調頭返回官邸。

只是從上空眺望災區的這種行徑，讓人感受不到他有面對災害的堅強意志。儘管失禮，但我必須說，這是不合格的領導者。為什麼菅首相不降落在災區，去撫慰災民並直接聆聽他們的要求呢？

接著還在二十一日以天候狀況不佳為由，取消了預定的災區視察，這件事不光只有災民不滿，據說連執政黨內部也有批評的聲音。

我認為一國的領導者應該以國民為首要考量，正是處於這樣的危機，才更要發揮領導能力，率領自衛隊的參謀長和官房長官[1]從直升機上下來，用領導者自己的雙腳走在現場才行，沒有實際親臨災害現場是無法找出有效對策的。

領導者應該連同工作人員一一巡視災區，確實掌握哪裡有問題，然後走過一村又一村，一鎮又一鎮，一一安慰遭遇不幸的災民，立即為他們解決困難並準備好當前的必需品，領導者至少要具備這樣的心意與判斷力。

在重建的對策上，應該也有現行法律無法解決的部分吧，對此必須快速下達指示，透過特別條例或是緊急命令來處理，否則災區人們的生活會越來越辛苦。

不過，跟村山（富市）政權的時候不同，這次迅速出動自衛隊獲得了正面的評價，而且在地震發生的兩天後也適當地把原先配置的五萬人追加到十萬人。

一九九五年發生阪神大地震時，時任的村山首相整整兩天都沒有到現場視察，不但在初期的救援行動中拒絕了各國的援助，還因為顧慮違憲而錯過了出動自衛隊的時機。是不是比起國民的生命，村山首相和當地的首長們都更重視自己的政治信仰呢？

災害發生時最需要的就是軍隊，沒有軍隊就無法進行災後重建，因為地方政府和民間志工有太多能力所不及之處，無論是援救災民、清除瓦礫、確保通訊、維持治安、整備道路，還是在必要之時架設橋樑等等，都必須趕緊進行才行。

在日本有能力可以有系統地執行這些任務的就是工兵部隊，而擁有充足機械材料與裝備，能建立通訊和指揮系統的也只有自衛隊而已。

在海外各國，凡遭遇重大災害時一定都會動用軍隊，而台灣國軍在大地震時也會出動執行任務。

一九九九年九月二十一日的凌晨一點四十七分，發生了台灣史上最大規模的七點三級大地震。

我立刻發布命令動員軍隊，指示在主要的各個鄉鎮設置進行救援的指揮所，於是早上六點左右，就已經分配好哪個部隊該做什麼，哪個部隊又該分擔什麼職責。

地震後不久，台灣北部一帶包含首都台北市在內全都停電了，台灣三座核電廠也依設定順利在地震後緊急停機，而靠近震央的變電所故障則是後來才知道。

可是沒過多久，我就接到參謀總長的特別來電，告知我國防部已經在距離震央南投縣最近的地方成立了前進救災指揮所。而行政院在十三分鐘後的凌晨兩點成立了重

1 編按：類似於台灣的總統府秘書長。

大地震中央處理中心，並宣布救人優先與確保供電等九項緊急處理指示。

台灣有發生這種震災時的應對流程，所以軍隊會據此來進行救援行動，相關單位則是為南電北送架設旁路（bypass），正因為重大地震中央處理中心能發揮作用，身為總統的我才能在天亮之後緊急從台北搭直升機前往震央所在。

最優先事項是傷亡者的收容和救援，接著才是災民的收容，除了醫療單位的協助之外，也要求軍方全力投入災民的救助，以及完成交通、電力和通訊的恢復。

軍人有兩個任務，一個是戰爭，與敵人打仗，另一個就是清理戰場，連清理戰場都做不到的軍隊就無法打仗，我們過去就是接受這樣的訓練。事實上，我在一九四五年（昭和二十年）三月十日，東京大空襲的隔天早上，從千葉的習志野防空炮連隊被派到東京去進行救援，所以曾有過「清理戰場」的經驗。只要讓軍隊到災區進行戰場清理就會帶來最大的效果，因為就算讓平時坐辦公桌、沒有見過災難現場的公務員負責，也只是徒增他們的困擾而已。

對於當時執行救援任務的士兵們，我對他們的努力給予高度評價，假如把大地震看成戰爭的話，我軍的活躍可說等同於一場勝戰的價值。

領導者要在現場視察

台灣發生大地震那天，在我從災區回到台北的那個晚上，我接到小池百合子議員的電話，表示她「想要贈送一千五百戶的臨時住宅，可是一戶只有八坪大」。

我雖然滿懷感激地收下，但因為台灣的臨時住宅標準是一戶十二坪，所以相比之下有些不足。於是便優先把日本的臨時住宅用來放置電視機和冰箱，並在外面設置二戶共同使用的洗衣機，而家裡則掛上匾額裝飾。周邊甚至還設立了停車場、醫療設施、兒童公園、老人之家，以及超市，這些全都是軍中的工兵連在六天之內完成的。

像這樣的救災行動一定要確實掌握現場狀況再來尋求對策才行，我在地震發生後的三十天內有二十一天都待在現場，直接下達決策。

置身現場、用自己的雙眼去掌握狀況，並思考「災區需要什麼樣的援助」、「救援行動應該加強哪個部分」，然後透過國軍的參謀總長直接下達動員命令，而行政上的問題則交由總統府秘書長來處理。我認為領導者在遇到危機時，需要的正是這種現場主義。

雖然我認為這並不限於台灣，日本和其他任何國家也都相同，但中央政府和地方政府的配合卻未必能夠協調，有些時候即便中央下達命令，地方也無法妥善進行，而中央在面對地方需求時，有時候也無法迅速予以處理。

救援行動告一段落之後，就業方面的問題就來了，不管是房子所幸沒有損壞的人，還是房子在某種程度上需要善後的人，他們都需要工作，而災區大多位於農村地區，也剛好處於休耕期。因此，最後決定讓他們從事道路清掃與復原的工作，日領一千元新台幣。

可是，問題卻是出在官員身上。中央政府的勞動部表示，只要沒有工會的會員證就不能派發工作給他們，但農村地區怎麼會有工會呢？所以我對此怒斥並要求改變作法，結果這次又變成政令難以貫徹到當地。

一到現場查看，有些村裡都沒有人在工作，村長申訴說：「這裡沒有工會，只要不是工會會員就得不到工作。」我心想「不該是這樣」，問了中央派來的人，才聽說：「只要沒有會員證，就不能派發工作給他們。」政令完全沒有下達，所以我馬上打電話回台北，讓命令徹底執行，類似的事情還有很多。

另外，雖然中央政府已經針對地震決定籌措二千億美金來處置，但撥款到地方卻需要耗費一、二個月的時間，所以縣政府在這段期間內完全無法為鄉鎮做任何事，如果不解決這個問題，作業就不會有所進展。

領導者不能只是坐鎮中央，單憑官員上呈的報告或意見就做出判斷，應該在現場接收第一手資訊，然後迅速做出判斷。

儘管如此，發生311大地震時，菅首相不但沒有前往核電廠以外的災區，也沒有親自到現場視察，而且還沒有參謀長和官房長官同行。當時，身為首相官邸發言人的官房長官枝野幸男就遭到媒體緊追不捨，可是官房長官應該優先處理行政上的事務，所以另外指派負責的發言人不是比較好嗎？

正是這種時候，才需要具有遠見的領導者。

領導者不可以說「不知道」

話雖如此，擔任領導者本身就不是一件容易的事。

在以第二次世界大戰為背景的美國電影《獵殺U-571》（*U-571*）裡，有一幕資深士官長說：「艦長作為領導者絕對不可以說『我不知道』，因為那會害死艦艇上的所有人，所以領導者遇到問題一定要有答案。」這是非常意味深長的台詞，我們要求領導者具備的能力，以及擔負的責任有多重大，是有其難以想像之處的。

而且遭到反對勢力和社會抨擊也是領導者的宿命。在我總統任內發生台灣大地震的時候，媒體不但做了誤導民眾的報導，還有假借震災報導來批判政府的過分新聞，特別是不堪入目的電視新聞。

某一家電視台跑到災區直播談話性節目，報導「政府毫無對策」，於是我召集了二十一個受災鄉鎮的首長和震災受損建築物管理委員會的人，以及電視台和報紙的記者，為重建與救援行動做進一步的狀況說明，同時為了傳達有關居民權益的正確資訊，我也下令發行《青年日報速報》，透過各個震災救援指揮中心來廣泛散發。

這份報紙後來改名為《重建速報》，裡面詳細刊載了政府的命令、政策和活動等訊息，對於降低災民的混亂與困惑頗具成效。事實遭到誤解就算了，領導者遭到無端責難或中傷誹謗的情況也不少。

包括這樣的事情在內，領導者的痛苦經驗會越來越深，所以必須在比他人還要多的壓力之下承受孤獨。

回顧自己的一生，就算置身於嚴峻的環境中，我也有貫徹自己意志的力量，我想那股力量的來源就是信仰，就連擔任總統時的原動力也自然是信仰。因此，一旦問到什麼是領導者的條件，我首先列舉的就是「絕對不可或缺」的「信仰」，我認為信仰正是領導者的第一條件。

「為了活下去」——日本大學生的來信

藉由這本書，我想要介紹一封信給大家，是一個年輕人在大地震後決心要在日本認真活下去而寄來給我的信。

這封信清楚表達了人為了活下去應該怎麼辦才好，以及以災區人們為首的所有日本人，現在又該做些什麼，至於這位年輕人的名字等資訊就讓我隱而不說吧。

李登輝老師

道啟

日本春天的餘寒已經漸漸趨緩，變得相當暖和，在此敬祝李登輝老師身體健康、萬事如意。

我是來自〇〇大學的〇〇，三月上旬曾因為到台灣校外教學而有機會拜訪您，也因此有機會接受您為我們這些學生教授超過兩個小時的時間，對此非常感激！

李登輝老師促進了台灣的民主化，並建立了台灣現今的基礎，能夠由您分享自己的信念與國家觀等等，實在是很寶貴的經驗，也是我莫大的精神食糧。

在我回國不到一週的時間內，日本就遭遇了歷史留名的大地震。當我透過電視看到海嘯吞沒民宅的景象時，那真的不像是現實中會發生的事，已經到了讓人眼淚直落的程度。

不過，在地震過後一段時間，終於開始有物資送往各地，也聽說了有些地區已經逐漸展開重建工作，而我也在東京從事志工活動，很希望多少能為災區盡一己之力。

最近幾天，我和同學時常聊到日本今後會變成什麼樣子，我想這不僅是我們的談話內容，也是許多日本人所抱持的不安。可是，一想到十年後我們就得支撐這個社會，就會萌生出自己是當事人的意識與覺悟，然後在大學裡抱持著這樣的意志來勉勵自己用功，感覺自己必須認真思考這個國家的未來。

就像李登輝老師說過的那樣，正因為現在面對了許多人的死，才會認真去思考關於「死去」的事和「活著」的事，也才會切身感受到自己必須擁有一種想趁自己還活著的時候去完成自己該做之事的堅強意志。在我把接受李登輝老師直接授課的經驗和這次大地震的經驗確實接納並理解後，今後我想要更加努力。上次拜訪李登輝老師的經驗，給了我很大的刺激與做人的目標，真的很感謝您。

就算處在這種大地震後的灰暗氛圍中，我還是在前幾天看到了正面的報導，一則新聞是有關李登輝老師給日本傳達加油的訊息，另一則新聞則是台灣為了收容因為日本震災而無家可歸的孩子，所以準備了寄養家庭。看到這些新聞，讓我感覺到台灣和日本的關係果然存在著一種超越一般國家夥伴關係的羈絆。

我有一種今後我也想要在台灣與日本的民間交流與心靈外交中積極盡一份心力的感受。真心感謝，也請李登輝老師保重身體。

此致

二〇一一年（平成二十三年）三月二十九日　〇〇筆

日本在311大地震裡受到前所未有的災害影響，即便對大自然的威力心存敬畏，也絕不能認命，必須有無論如何都要重建日本的勇氣與覺悟。為此，我們需要下一個世代的卓越領導者，只要有這樣的年輕人存在，日本的未來就會充滿光明。祝日本的重建能早日完成。

支撐孤獨的信仰

我從學生時代開始就常常去台北郊外爬鄰近淡水的觀音山，在總統任內也曾跟妻子、媳婦以及孫女一起爬上去過，經過一番辛苦才總算登上山頂，那裡是非常狹隘的地方，四面都聳立著險峻的山崖，只是站著不動就會覺得很危險，恐怖到令人膽顫心驚。

在這樣危險的地方，沒有人會來搭救，一切只能靠自己，所以當時的我切實感受到，立於權力頂峰的總統之位，正如同站在觀音山山頂上一樣。

最高領導者必須具備忍受孤獨的力量，但因為人類是弱小的生物，也正因為如此，人類才會一再受到失足落谷般的心情驅使，在這種時刻能賜予力量和勇氣的就是信仰。

在自己所不及的高處會有神來相助，這樣的信仰會在左右國家命運的領導者身上，轉變成一股支持他面對孤軍奮戰的強大力量。

在我擔任總統的十二年間，每天都在戰鬥，對內我必須和陳腐的統治階級爭鬥，對外則有來自中國的問題。

當我面對這樣艱難的情況時，我一定會把《聖經》拿在手上，然後先向神祈禱，再隨意翻開《聖經》，閱讀手指所指之處，從自我解讀之中找出神的教誨。舉例來說，曾發生過這麼一件事情。

一九八八年蔣經國總統逝世，由身為副總統的我繼任總統，一九九〇年當屆任期結束，國民黨內部為了是否讓我繼續擔任總統和國民黨黨主席的問題而發生劇烈的爭吵。本來就沒有政治野心的我，從沒想過政治鬥爭這種東西會是如此激烈，所以在這鬥爭的漩渦裡感到全然的困惑。

於是我翻開《聖經》，那一頁是〈以賽亞書〉的第三十七章三十五節，記述內容如下：

因我為自己的緣故，又為我僕人大衛的緣故，必保護拯救這城。

讀完這句話，我的心就安定下來了，因為「如果這是神的旨意，那麼不管再怎麼辛苦，也要為台灣和下個世代來打拼」。

然而，痛苦的並非只有我一人，某一天當我回到家時就看見妻子正在哭泣，因為妻子看到報紙和黨內大老們都用過分的說法來攻擊我，所以妻子也心疼地請求我：「別再當總統了吧。」

可是，對於我所身負的使命是不能半途而廢的，所以我和妻子一塊努力祈禱後，便隨意翻開《聖經》，兩個人一起閱讀，然後就有了「神的旨意如此，就聽從神的旨意吧」的共識，心也隨之安定下來。

當然，要信仰什麼神是每個人的自由，我是基督徒，所以與主耶穌長伴左右，但不管是基督教還是佛教都無妨，又或者像是《武士道》這樣的道德規範也可以。開始擁有信仰才會擁有強大的信念，在這層意義上，也可以把信仰說成是一種哲學。

信仰也好，哲學也好，自己如果沒有在從政的路上秉持著超越政治的「某種東西」，就會缺乏使命感，而且實踐的能量也會衰退，我發現近來的領導者似乎就有這種趨勢。

在日本也是如此，最近都沒有全盤考量應該把國家和國民的目標放在哪裡的領導者，但是安倍首相不同，我認為他有屬於他自己的信仰。

為「公義」殉道

「公義」是我們要求領導者的另一大條件，所謂「公義」即公眾之義，也就是正義。

在《舊約聖經》裡，有一個〈彌迦書〉是關於先知彌迦出現在摩利沙村的故事。彌迦原本是農民，而農民階級在二千七百年前的當時，是猶太人社會中備受欺凌的壓榨階級。換句話說，社會正義並沒有得到實現，因此，彌迦成為先知並開始闡明「公義」，〈彌迦書〉記載的就是完全適用於現代的普世真理。

以下就是〈彌迦書〉第二章一節到三節之前的描述：

禍哉，那些在床上圖謀罪孽造作奸惡之人，天一亮就因手中握有力量而行之。

他們貪圖田地就占據，貪圖房屋便奪取，他們欺奪人們的房屋，搶奪他們的產業。

因此耶和華說：我籌劃災禍降予這些人，使其不能自救，你們再也不能昂首而行，因為這將是災難之時。

〈彌迦書〉其實就是在說明「人類究竟該怎麼活」的這種本質問題，諾貝爾和平獎得主，也是牧師的前美國總統吉米．卡特，也曾在他的總統就職演說中不時引用〈彌迦書〉，他說：「身為總統的我，身上被賦予的唯一義務就是貫徹『社會正義』。」

就算已經不再是總統了，卡特還是在為世界的「公義」日夜奔走，「人上之人」就是這麼一回事，必須具備為「公義」殉道的心理準備和氣概，才能真正發揮領導能力。

關於公義，不只是基督教，猶太教、伊斯蘭教、佛教或儒家等等，所有的宗教和哲學都在談，雖然依據時代不同會有各種不同說法，也有多元的解釋，但是對於追求社會正義這一點卻是完全沒有改變，無疑是永遠的真理。

可是綜觀現在的世界領導者們，我慢慢覺得已經有越來越多人對公義失去了正常的感覺，這是非常遺憾的事情。

我從一九八八年首次登上「總統」這個台灣最高權力者的位置以來，從未執著於權力，腦中有的只是「為國家」、「為人民」，只要出現比我有能力的領導者，我隨時都可以讓出總統的位置。

正因為如此，二〇〇〇年三月十八日，執政黨的國民黨在總統選舉中敗選，由民進黨的陳水扁當選時，我為台灣的未來感到歡喜，因為出現了四十多歲的年輕領導者來接替年近八十的我，所以在政權轉移之後，我也主動協助新的政權。

我相信公義非得是如此不可。

「公」與「私」要分明

掌握權力的領導者應該要把「公私有別」的確實執行銘記在心。

首先，對於部屬不能流於私情，必須明快地處理。

我曾有過這樣的經驗，在擔任總統之前，我雖然先後擔任過台北市長、台灣省主席以及副總統，但是有一位秘書一直在這段期間內輔助我。

他在各方面都相當優秀，文筆也不錯，是非常得力的助手。然而，在成為總統之後，我卻把他辭退了，因為他引發了與國家有關的問題，所以就算我對他保有一定的情感，也不能感情用事。

而且，對於民主國家的政治家來說，選舉是極為重要的事，所以在當選後自然會想要對那些在選舉中支持自己的人加以回報，同時一旦考量到下次的選舉，難免就會想要做些特別處置來鞏固支持。

可是，凡事都有其限度，就算要表達感謝之意，也應該完全分清楚選舉是選舉、國政是國政的差別，選舉一旦結束，就該明確切斷與支持者的私交，這是非常重要的。

而且，這種情況不是只限於台灣，在亞洲世界也常常可以看到，特別是中國或韓國等，都有自家人的利益輸送問題，高升的人會把職位賜予有血緣或姻親關係的親戚，提拔他們，我把這個稱為「亞洲的價值觀」（Asian Value）。

如果政治、社會的素質帶有明確統治體制的濃厚色彩，那麼掌握權力的人就會變得獨裁，把權力經由以家族或自我為中心的思維私有化，而遺忘了整個國家，這些看在國民眼中會是什麼模樣，應該不用多說吧。

在總統任內，別說家族、親戚了，就連父親的朋友我都謹記著要減少碰面，因為父親曾擔任過縣議員，與地方人士保持著密切的關係，因此，在我當上總統後，有很多人都透過父親來請託人事或公共投資上的協調。

某一天晚上，我對父親這樣表示：

「我知道父親在擔任議員的時候，曾受到許多人的幫忙，可是，我沒有打算要聽他們的請託，所以，請您別再引薦任何人來了。」

在那之後，我就再也沒有聽聞過來自父親的任何請託。

在父親過世之前，我由衷向他致謝：「自從那天晚上以來，您就未曾引薦過任何人，真的很謝謝您。托您的福，我才可以心無罣礙地做好我的工作。」

很多人認為，在成為政治家之後多少一定都會弄髒自己的手，為了實現自己的政策，就必須握有權力、後盾以及資金，而為了將這些弄到手，有時就會被捲入各式各樣的權利鬥爭當中，就算最初想要的是對國家盡忠竭誠，但總有一天還是會改變。其實政治家的工作就是一邊喝進髒水一邊又吐出髒水的過程，所以始終要保持潔白的確很困難。

即便如此，還是必須努力堅守原則不讓它被扭曲，就算有時會被批評為「冷漠無情」，還是必須用嚴正的態度去面對，否則就無法邁向政治上的理想。

其實我曾遭受過許多人的責難，可是現在最恨李登輝的人，也許就是我的親戚，因為儘管我在這十二年間位居總統之位，卻沒有任何一位有血緣或姻親關係的親戚因此獲得高位或者得到權力相關的工作。

這個結果並不是因為沒有人來請託，而是他們大多經由他人來間接關說，但全都被我拒絕了。

領袖魅力的危險之處

能夠強化領導者權力的就是「領袖魅力」（charisma），所以領袖魅力的特質對於領導者或政治家來說是非常重要的因素。

具有領袖魅力特質的領導者，是超人般的非凡存在，能吸引大眾，在狂熱的支持下受到歡迎。為了動員群眾需要按照一定的程序，才能在缺乏合理的判斷下，迅速應付危機狀況，而最明顯的例子大概就是德國的希特勒吧。

基於這點，具有領袖魅力的領導者，就算沒有展現了不起的智慧，也能創造出有秩序的社會。歷史上的眾多英雄和領導者，都能像這樣透過領袖魅力的特質來解決各種政治問題。

可是，具有領袖魅力的領導者並無法維持長期的政治生命，因為領袖魅力的力量奠基於大眾的情感之上，是一種幻想，而人的情感是很容易改變的，你不知道何時會忽冷忽熱，當你無法回應大眾的期待時，這種幻想就會瞬間消失。

而且大眾的幻想除了受到領導者領袖魅力的力量影響之外，也會受到媒體左右。失去偶像特質的領導者或政治家，很容易就被大眾拋棄。因此，不能具備過度的領袖魅力，因為即便獲得國民的壓倒性支持而掌握權力，總有一天還是會被國民拋棄吧。

馬基維利在《君主論》中提到：「以民眾為地基者，其政治基礎就像是建構在沙地上一樣危險。」唐太宗的功臣魏徵也曾說過：「君主似舟，人民似水，水能載舟，亦能覆舟。」

這些話不管是用於作為王朝的帝國，還是作為共和國的民主國家，全都受用。領導者必須對國家和國民保有忠誠之心，事事謙虛以對才行。

領導者不該用權謀術數來統治政府官員或控制國民，也不該利用媒體讓自己藉由領袖魅力之力來獲得人氣，應該認真考量國民之事，一步步確實執行才是。

那麼，行使權力時，領導者應該如何考量呢？

我的信念是「天下為公」。

如果是政治家，公就是「國家」，而「天下為公」指的就是「政治家絕對不能存有私心」。

如果再進一步追根究柢，「沒有私心」也就是「做任何事的時候都屏除『自己』來思考」。

在決斷一件事情時，要思考「如果我不在場，採用的方法是最有益於自己之外的人們，結果會怎樣呢？」如此一來，才能先「找回冷靜」，真正為國民著想盡力。

劉銘傳與後藤新平

在思考關於領導者時，可以從台灣近代化的歷史中找出具有代表性的事例，即劉銘傳與後藤新平這二人的事蹟。

台灣還在清朝統治之下時，劉銘傳被派來台灣擔任巡撫，他是李鴻章的部下也是炮營的營官，而李鴻章既是清朝的最高權力者，也是洋務運動的推動者，因此劉銘傳對西方的科學與文化有一定程度的理解，在台灣著手進行清賦（土地改革）、鐵路、電信與礦場的開發，以及軍事基地的建置工作，這些政策與後來後藤新平所進行的台灣開發計畫相同。

可是，雖然他建立了外語學校、鋪設了基隆到新竹的鐵路，也建設了各地的軍事基地，但最後卻因為台灣北部採礦工作所引發的問題，以及貪汙等理由被北京召回。結果，在他擔任負責人的六年之內，什麼了不起的成果都沒有達成就回鄉了。

劉銘傳的失敗原因是，第一，他沒有考量到關於開發的初期條件準備；第二，他不講究開發資金的調動。然後最重要的一點是，第三，他沒有明訂開發的目的。

另一方面，後藤新平實施的政策超越了劉銘傳的計畫規模，結果成功了。

後藤新平受第四任台灣總督兒玉源太郎中將之請，自一八九八年來台灣擔任民政長官，到一九〇六年為止的八年七個月中，作為推動台灣開發事業的實際領導者，在台灣留下了許多成就。

後藤當時最重大的課題就是應該把台灣的開發目標放在哪，以及要用什麼樣的開發策略來達成目標，而日本當時正處於發揮強大領導能力來帶領國家的風格，所以後藤主導的台灣開發也是奠基於台灣總督府的強大領導能力上——即承襲明治政府的方式。

後藤上任時的台灣，居民來自文化、宗教各異的漢族和先住民，而且因為盜匪橫行所以治安很差，吸食鴉片的人也不少，更有霍亂、鼠疫、傷寒、痢疾、瘧疾等傳染病蔓延，是毒蛇猖獗的瘴癘之地。

產業方面也不值得一看，司法、行政、經濟，不管哪個方面都是落後於近代社會的未開發之地。

在這種最糟的初期條件之下，後藤會實施什麼樣的政策呢？

在台灣最受愛戴的日本人

後藤一開始斷然進行的是人事的更新與人才的錄用，他到台灣總督府以民政官的身分就任後，就進行了嚴厲的人事重整，把一千零八十名只想在台灣短期發財的高階以下官員全部送回日本，並廣泛起用優秀人才來加以取代，然後分發到各個領域。

其中包括後來寫出《武士道》的新渡戶稻造，以及祝辰巳（後藤之後的繼任民政長官）、中村是公（後來鐵道院的總裁）、賀來佐賀太郎（後來台灣總督府的總務長官）、關谷貞三郎（後來宮內省的宮內次官）、宮尾舜治（後來日本帝國議會的貴族院議員）、長尾半平（後來日本帝國議會的眾議院議員）等一連串傑出人物的名字，首先把推行政策的環境準備好。

接著是消滅土匪，因為後藤堅持的「土匪招降策」，讓全島的治安在一九〇二年有了戲劇性的改善。

第三則是採用保甲制度，以十戶為一「甲」，十甲為一「保」，然後甲有甲長，保設保正為負責人，換句話說，就是一種以居民為主的自治制度。

後藤頒布保甲條例之後，把戶口（戶籍）的整理、居民出入的檢查，以及對於公共衛生和交通安全的責任等等全交於居民手上，並組織保甲壯丁團，在警察的指揮下維持治安，並進行道路工程等。

第四個政策是根絕傳染病，在總督府內新設衛生課，後來在研究痢疾、霍亂，傷寒、瘧疾等疾病的血清與毒蛇的解毒法上取得了非常大的成果。加上當地設立的公醫制度，也推動了醫療行政的進行，同時還對上下水道進行整修、推行都市計畫、整頓衛生環境的基礎建設。

在教育方面也投注心力，為台灣人建立義務教育學校，致力於初等教育的普及。

設立台灣總督府是一八九五年（明治二十八年）四月的事，可是早在那年的七月，就已經在芝山巖（現為芝山岩）這座山裡的某間廟中設置了國語學校，並展開日語的教育。

統治殖民地從教育開始，這是全世界未曾有過的，台灣人因此脫離了儒家與科學的束縛，也才能知曉全世界的知識與思潮，培養出近代的國民意識。

舊制高等學校之一的台北高等學校於一九二二年（大正十一年）創校，而創立於一九二八年的台北帝國大學，則讓台灣人獲得了進入大學就讀的機會。台北帝國大學是我母校——國立台灣大學——的前身，有些人進到這間台北帝國大學就讀，也有其他人到日本內地的大學去進修。

順道一提，一八九六年，這個芝山巖的國語學校遭到了抗日的游擊隊襲擊，而發生了六名日本人教師與一名職員被殘殺的事件，以此事件為契機，後來便催生了「芝山巖精神」這個具有「賭上性命也要推行教育」之意義的詞。

接著，還透過發行台灣事業公債來拓展財源，多虧於此，才能實施土地調查和土地改革，也才有機會完成基隆到高雄之間的縱貫鐵路建設與基隆港的建港。

開通縱貫鐵路明顯縮短了南北的距離，而完成嘉南大圳與日月潭水力發電廠則讓農業生產力出現飛躍性的提升，使台灣往工業化踏出了一大步。

設計並完成嘉南大圳的八田與一技師，雖然在日本不太為人所知，但在台灣卻是最受愛戴的日本人。他所修築的地下渠道包括一萬公里的給水路、六千公里的排水路，以及二百公里的防水堤防，總長度居然比萬里長城還要長。

完成嘉南大圳時，湧進了來自全球土木界的驚嘆與讚賞之聲，在台灣不但有六十萬的農民敬稱他為「嘉南大圳之父」，還建造了銅像與他們夫妻的墓，每到忌日就會進行祭祀。

即便到了現在，台灣人還是把他建造的烏山頭水庫稱為「八田水庫」，藉此稱頌他的功績並敬慕著八田技師。

後藤還制定了三大專賣法，於總督府內設置專賣局，對鴉片、樟腦、食鹽、酒和香菸採取專賣制，專賣所得除了用來償還台灣事業公債，也成為開發台灣的資金。

隨後為了達成對抗外國資本與促進台灣產業發展一元化的目的，於一八九九年設立台灣銀行，獨立發行貨幣台灣銀行券。

後藤對於台灣作為新領土的經濟，抱持著必須以台灣自己為中心的強烈意志。當時福建省的廈門是中國大陸的經濟據點，不但是台灣經濟的中心，也是前往香港和南洋的商業策略據點。

有鑑於此，後藤為新成立的台灣銀行在廈門設立了最大的分行，希望把台灣變成日本南進政策的據點。

而且為了促進島內的商業流通，他設置了新的度量衡制度，並開始獨占度量衡器具的製造，此舉也具備了深遠的意義。

等到這些基礎建設完備之後，後藤才終於開始積極發展產業，以砂糖、樟腦、鹽、茶、稻米的增產為主軸開發，還有阿里山森林的開發，也因此讓台灣的經濟發展能夠步上正軌。

在展開上述各種事業之際，後藤還針對自古以來的先住民和漢族文化、習慣進行了大規模的調查。尊重台灣人的風俗習慣，是為了讓司法與行政融入台灣當地，也讓後藤作為領導者的根本理念能夠存留在此。

他也抓準時機把一些絕不能鼓勵居民留下的生活習慣予以禁止，尤其是從清朝開始有的辮髮和裹小腳等等。

他不但設立「台灣舊習慣調查會」，實施全國人口普查，還在總督府裡設置中央研究所，並成立化學部與衛生部，進行台灣特有動植物研究等等，這些實在都是劃時代的舉動。

而且，為了打破由外國資本掌控台灣貿易以及由國外公司獨占海運的局面，把台灣和中國大陸之間的運輸交給原本就往來於日本和台灣之間的大阪商船公司，為台灣取得商業貿易的權利增添一些幫助。

不被權力吞噬的領導能力

因為後藤新平的強大領導能力，讓開發台灣的進展在短短八年七個月之內，達到了難以置信的龐大規模。

《三十年的回顧》可說是後藤的遺稿，他在裡面是這樣自我稱讚：

台灣原本不但氣候溫熱，人們還飽受四時瘴癘之苦，更有外化之民的番界存在，可是一成為帝國的領土後，就因為施行了心物合一的神道，在短短三十幾年內耳目一新，重生為如今這般美麗豐饒的高砂之國與蓬萊之島。正如滄海桑田之變，台灣從三千年前的史前一躍進入二十世紀的文化，掃盡了瘧疾、瘴氣的蹤跡，成為名符其實的福爾摩沙。現在台灣的都市，無論是在土木方面，還是教育方面，所有的相關設施已經有不少凌駕於內地之上。

這一番自我稱讚絕不誇張，因為就算我說，台灣之後的經營與開發都是走在後藤新平鋪好的軌道上，這一點也不為過。

有些人會對這樣的說法表達不滿：「為什麼要稱讚作為殖民統治者的日本人

呢？」或者指責：「就像後藤新平自己說的，為了改善台灣的治安，不也處罰了超過一萬的人嗎？」可是，這個人數卻是歷代台灣總督所為的總數，結果全部算在後藤一個人身上。

後藤新平當時接受了台灣人的領袖辜顯榮之建言，決定對土匪予以招降而不處分，因為土匪雖然在台灣各地不斷掠奪，但如果他們不這麼做就難以生存。

後藤讓宜蘭的土匪頭子帶了五百人來投誠，並讓他們從事道路建設的工作。只要投誠就能保證獲得工作，這是就算不掠奪也能夠謀生的安排，就因為這樣，所以台灣的治安變得安定，也因此打造了推動各種工作的大環境。

經由這樣回顧後藤新平的成就，讓我再次體會到，經濟開發當中最重要的關鍵既是強大的領導能力也是有能力的領導者。

我們常說政治家有兩種，一種是以掌握權力為目的者，另一種則是以工作為目的的者。

不被權力吞噬的政治家就不會墮落，所以在我擔任總統期間，都是以「不論何時都應該能夠放棄權力」來自我警惕。平凡人一旦握有權力，就會感到幸福與快樂，因為想做什麼就做什麼，什麼都辦得到。

可是，就像司馬遼太郎所說：「權力並不是來自每一個人的力量，而是從制度衍生出來的客觀力量。」權力只能在必要時取用，當你承擔責任時，雖然少不了權力，但是一定要有隨時都能放手的覺悟才行，換句話說，權力是「借來的東西」，只看得到權力的政治家是愚蠢的。

後藤新平明顯是為了工作而行使「權力」的人。

福澤諭吉的提問

現在的日本和全世界都需要像後藤新平這樣擁有強大領導能力的傑出領導者，可是，遺憾的是，我發覺這樣的領導者，在現代不知為何越來越少。

福澤諭吉雖然在《勸學》第十五章以「懷疑事物與決定取捨」為題，寫出「輕信的世界多欺詐，懷疑的世界多真理」，但其主旨終究還是關於文明的進步是源自於懷疑，即「西方各國的人民能夠達到今日的文明，探究其根源，就是來自於存疑這點。」福澤藉此篇加以警惕的就是人們輕信輕疑的缺點，而批判正是輕信輕疑的相反，我在讀《勸學》時，特別有感的就是福澤那旺盛的批判性精神。

目前台灣的狀態正處於五里霧中，雖然台灣已經來到民主主義的時代，但人民卻處於不知哪裡有路的狀態，所以此時就需要有太陽出現，讓人民在霧氣因烈日照射而變得稀薄之際，開始找到台灣應該前進的道路。這種沒有領導者能發揮強大領導能力的狀態，不是只有發生在台灣，日本也是如此。

擁有旺盛批判性精神的福澤，雖然一方面用激烈的表現手法來抨擊日本儒學者的沉溺——即他們因為迷惑而懷疑自己的根本，但同時也在其他面向對缺乏批判的開化之輩勸戒其對西方的歌頌。福澤雖然是倡導引進西方應用科學的第一人，但他也經常對日本人的將信將疑與醉心西方之人的輕率和膚淺感到不快，因而強烈嘲諷那些一開口就對西方文明表象讚不絕口的愚蠢。

另外，在《文明論之概略》裡，福澤在對人類文明進步的無窮未來感到樂觀的同時，他也在整本書的結論中提到，「對日本來說，文明之要事就在於守護國家獨立的手段一事」，因為「國家的獨立是目的，而國民的文明則是達成此目的之手段」。

從福澤的種種發言可以看出，當時他為日本獨立擔憂的心事，所以我認為，《勸學》的主旨最終還是回歸到這個出發點。

明治維新雖然是新日本的文化在各方面參照不斷湧入的歐美學問與藝術而開始改革與進步的時期，但福澤諭吉、西田幾多郎、夏目漱石等偉大思想家與開創者們在思想上的貢獻也不容遺忘。

總而言之，福澤想說的就是，一個國家的文化形成只在於應該如何揚棄

（aufheben）「傳統」與「進步」這樣看似矛盾的兩個概念[2]。

「傳統」和「文化」的重要性

現代人被認為只重視物質，而且具有嚴重沉迷於表面事物的傾向，所以在面對抽象概念時，不會努力去鑽研精神方面的思考，總是手機不離手，滿足於從電視或網路取得資訊的生活。

要從這樣的生活之中去強化精神性是有困難的，因此無法培育出一個領導者所該具備的深度思考。

即便是處於新時代的領導者也絕對不能捨棄傳統的價值觀，西班牙哲學家奧特嘉（José Ortega y Gasset）在他的著作《概念與信念》中提到：「我們所擁有的大部分世界觀都是從祖先繼承而來，這在人類的行為當中，作為堅定信念的系統而運作。」而領導者被要求具備的正是這樣的觀念。

就像福澤的提問一樣，文化的形成與如何揚棄「傳統」與「進步」這兩個矛盾的概念有關，因為人是一種期望今天過得比昨天好，明天過得比今天好的生物，所以在這層意義上，進步固然重要，但重視進步而太過輕忽傳統的二擇一生活方式是愚蠢至極的。

特別是一味傾向物質層面，被表象的進步給吸引，而忘記精神層面上作為大前提之「傳統」和「文化」的重要性，這才是大問題。正因為有作為基礎的「傳統」，傑出的「進步」才能累積於其上，沒有傳統就不可能有真正的進步。

一九四六年，在我為了回到台灣而離開日本時，日本的各項制度與行進方向都有了偌大的改變，也許就是這樣的變化，為日本帶來了莫大的進步，也成了日本建立今日世界經濟大國地位的原動力之一。

可是，如果為了這些而捨去對國家和國民來說最重要的傳統，那麼進步本身也就失去了字面上本來的意義。

有史以來，日本的文化都是在充滿歷史性變化的驚濤駭浪中，持續達成令人驚訝的進步，而且從來沒被這些湍流給吞沒，打自建國以來，不但持續保留傳統，還不斷汲取新文化來建構日本特有的文化。

2 編按：德文字「aufheben」本身就如同中文「揚棄」一樣，是一個同時包含兩個矛盾情況的詞彙，也就是同時描述發揚、昇華、提升和捨棄、丟棄，所以這裡想表達的是在「傳統」與「進步」之間取捨的取捨之道，也呼應了前文提及的「懷疑事物與決定取捨」主題和「將信將疑」的判斷思考。

一邊巧取外來的文化，一邊改造出更方便又容易被接受的東西，日本人自古以來就具備這種稀有的能力和精神。這樣創造新文化的方法，在面對一個國家的未來成長與發展時，是非常重要的，必須小心地傳承下去。

就算「日本改變了」、「國家制度改變了」，在這個國家土生土長、向下扎根的淳美風俗與文化，也就是無論什麼都難以替代的「傳統」，是無法輕易被消除的。

然而，在戰後的社會混亂當中，日本人卻輕忽了精神層面上放諸世界同樣優秀的價值觀，而在「高度經濟成長」的訴求之下，開始用物質主義來追求拜金主義的價值觀。

日本以前有句諺語叫做「武士就算沒飯吃，也要剔牙裝吃飽」[3]，說的就是，高階官員、政治家以及經營者等等的領導者們，要甘於清貧，以國家百年大計為基礎來行動，率先為肩負未來的世代示範關於人類生活方式的哲學與理念。

那些現在汲汲營營於自身利益的領導者們，我認為他們都沒有考量到國家和國民的未來，也就是沒有考慮到關於「公（眾）」的部分，而且他們對於國家或企業因為自己欠缺領導能力而導致失敗，缺乏主動、積極的負責態度，所以現在的年輕人會走向物質主義，在某種意義上，也可說是理所當然。

菁英教育的必要性

日本過去的菁英教育著重於教養，所以品格很重要，透過歷史、哲學、藝術以及科學技術等各個方面的學習來培育綜合性的教養，並培養愛國、愛民的心，其中還鼓勵學生讀書，特別是古典作品。

從舊制中學到舊制高等學校與帝國大學，在過去日式菁英教育之下所培育出來的人們，會經由閱讀賢人們的名著而在形而上學的世界裡一面徬徨、思索以及苦惱呻吟，一面達到精神上的成長。

可是在近期的日本，就算是大學也開始毫不隱藏地展現出對一般教養的輕視傾向，一旦只重視物質層面，就會忽略掉精神層面，於是一個人就會在最重要的青少年時期失去培養自己精神層面的機會。

如此一來就無法培育出未來的領導者。領導國家是一件非常困難的工作，如果沒有一位可靠的領導者，國家就會陷入危機當中，在歐美有更多國家著手於培育未來將

3　編按：這句諺語的用法並不侷限於「武士」，用於負面情況時，有「擺架子」的意思，但也可以引申為「有風骨」的正面意思，是一種重視精神勝過物質的表現。

會成為領導者的菁英階級，可是戰後的日本卻怠惰於此，給人一種只拼命於技術層面，但在真正需要的「領導者塑造教育」上卻毫無作為的印象。

作為象徵的就是，以東京大學為首，涉及舊帝國大學的國立大學都沒有培養出任何優秀的首相。戰前的帝國大學明明領導者輩出，為何戰後就沒有任何成果呢？這或許是因為他們受制於法律，腦中只有「法律上有沒有問題」這樣的想法，而這種人在政治的世界裡大多是派不上用場的人。

儘管如此，學習法律的能人到政府機關工作後，雖然成了行政上的負責人，但他們的精神層面往往是貧乏的，所以大多數的官員都是以追求自己的成功為第一優先，而缺乏國家這種概念。

只看得到眼前事物的人，就算當上了政治家，也只會一味尋求自己的利益，完全不知道「領導者應該做什麼」。更進一步來說，他們也不懂金錢與權力只不過是一時，而「品格」、「教養」、「愛國」、「愛民」等精神面的價值才是一生所該追求的，由這般政治家領導的國家是極度危險的。

對人類來說，沒有什麼比精神的豐饒還要重要，在《舊約聖經》的〈以西結書〉第三十七章中，有一個「骸骨之谷」的故事：神帶領先知進入山谷，那裡滿是骸骨。神透過先知對這些骸骨傳話後，四散的骸骨開始結合，也長了肉，又有皮遮蔽其上，可是還不能算是一個活人。神把風喚來，並從四方吹拂於死者的肉體之上，結果死者便站立起來，成為龐大的軍隊。

所謂「骸骨」就是缺少精神的人，而「風」就是精神，《聖經》告訴我們，人類誕生始於精神的吹入[4]。

《聖經》所說的「精神」雖然是「神的旨意」，但如果要用一般的方式表現，也可以用「道德」來替換吧。

評論家日下公人說：「所謂道德即為土，日本的經濟發展就是在道德這種土上才可能成立。」二十世紀的日本得以發展，的確就是建立在道德這種土壤之上。

「道德這種土壤」的想法會在思考國際化、全球化的問題時成為重要的啟發，只要確認過二十一世紀逐漸加快的全球化過程，就能理解道德具有重大的意義。

在這個過程中，需要的是「可信的國家」，所以為了取信於國際，就得讓國家在

4　編按：這裡指的是〈創世紀〉裡上帝用塵土造人的故事，當上帝對鼻孔吹氣，亞當便活了過來。

技術層面受到信用，同時成為擁有道德體系的國家。

道德的基準是以一般的信仰來作為基礎。

可是，近代社會的規定是政教分離，所以政治無法強迫宗教，也不允許宗教介入平常的教育，因此，宗教在培育領導者的教育裡就難以派上用場。

那麼，該怎麼辦才好？

我在前文首先就領導者的條件提出了「信仰」，而後藤新平的宗教為何，我並不瞭解，但我們足以想像他是擁有信仰的人，那也許就是對天皇或國家的忠誠。

信仰的感覺並不是道理，而是從激情或情緒發出，所以信仰並非淺層意識與理性的判斷，而是來自深層意識的流露。後藤新平與我的精神聯繫，就是強烈的信念與信仰的心。

因此，讓教育把作為道德基準的事物當作教養來採納也是個方法，透過教養來提升精神性，並在這個過程裡琢磨出作為道德「核心」的東西。

過去的日本擁有重視教養的體制，在舊制高等學校和舊制大學裡，不是只有教室裡的學習，也很重視教養的學習，我認為這就是日本的菁英階層可以培育出優秀領導者的能力來源，所以不該再次重現那樣高水準的教育嗎？

我真的很慶幸自己能在日本文化之下接受基礎教育，因為有那樣的教育才能夠形塑出我現在的精神核心，讓「台灣精神」和「基督教」相互結合。

雖然我也在美國接受了高等教育，但那對我的精神層面卻沒有太大的幫助，美國的教育只侷限於現象這種表象的事物，我能培養根本的教養，並思考精神層面的價值，全都要歸功於日本的教育。

超越「知識」與「能力」的東西

知識的確是重要的因素，只要有合理的想法，或許再加上「知識」與「能力」就會很好，可是，人類絕非如此單純的生物，所以我覺得日本的領導者在精神層面上的修養全都不夠。

舉例來說，某個人物為了成為國家領導者而拼命唸書，然後學會政治世界裡所必需的技巧，最後終於當上了首相。可是，光憑這些，這個人物究竟能實施什麼建設性的政策，這還是一個問題，因為他的最終目的是當上首相，所以在他當上首相時，一切就結束了。這真是可笑的事，把目的和手段混為一談，好不容易當上了首相，卻找不到想做的事，遇到重大災害或鄰國侵犯領海等危機之時，也只會驚慌失措。

想要擁有最高領導者所需的洞察能力，就必須具備超越個人能力與算計利害關係的想法，並進一步體驗過能力、得失和策略都不管用的世界，那才是精神層面的修養。

舉例來說，在道場裡打坐，或是早起到人們嫌惡的地方去打掃也可以，這些或許只是簡單的事情，卻正從現在的日本失去，同時也與日本領導者欠缺什麼的問題有關。如果領導者的判斷只侷限於能力和得失，就無法創造出顧全大局的多元政治。

日本人都很好學也很認真，只可惜其中大多僅止於為了唸書而唸書，然而，重要的其實是看清現實社會的本質，並認清癥結所在，以及抱持著「想讓日本更好」、「想為國民盡心盡力」這樣的信念來積極推動社會。

不管是在日本京都帝國大學求學的時候，還是在美國康乃爾大學求學的時候，我都是拼了命地學習，可是我片刻都沒有忘記要問自己：「這些學習對於台灣的同胞而言有什麼意義。」

明治維新之後，日本的留學生和政治家們在異國異地留學時，大家都抱持著「想讓日本更好」的信念，戰爭結束後不久，日本人的再次活躍應該也是抱著相同的信念。

第二次世界大戰後[5]，ＧＨＱ依據「戰爭犯罪宣傳計畫」（War Guilt Information Program）的政策在日本國內和國外宣傳「那場戰爭全都要歸咎於日本」，全面否定了日本人在戰前寄託精神的「價值」所在。

其結果就是讓日本成為一個難以產生思考何謂「國家」、何謂「主權」以及何謂「國家利益」之領導者的國家，我認為這件事也與日本政府在二次大地震時的糟糕應對有關。

可是日本不應該被這些一味把日本當作壞人的宣傳給迷惑，因為戰前的日本擁有許多現代日本早已失去的傑出面向，就像前文所述，日本留有世界上絕無僅有的美好傳統。

傳統是歷經幾千年歲月也不會褪色的存在，正是因為自己的內部有傳統扎根，才得以衍生出歷久不衰的哲學。向傳統與古典作品多加學習，並對年輕人傳達古典作品和傳統的重要性，這些對於領導者而言也可說是重大使命吧。

重要的是「信念」和對自己的「驕傲」。雖然有點難以啟齒，但我想日本人缺乏這個「信念」，至少現在的日本人欠缺自信，沒有對自己抱有信賴感，也讓人感受不到坦蕩付諸實行的魄力。

如果從政治家的水準來說，就是雖然會注意到局部的細節，但卻缺乏掌握大局的能力，給人一種老是在搬弄小聰明的印象，這並不是因為缺乏「能力」，而是因為對

5 編按：此處原文為「大東亜戦争」，請參照第三章注2（P.125）。

自己不抱有「信念」或信賴感，不是嗎？

想要擁有這樣的信念和驕傲，精神上的修養很重要，因為那與最終能夠看透事物本質的洞察力以及顧全大局有關。

正因為如此，當務之急就是建立菁英教育，也就是「培養領導者的體制」，來培育戰前舊制高等學校、師範學校、帝國大學畢業生所擁有的傑出「國家觀」、「歷史觀」以及「世界觀」。

第六章

「武士道」與「奧之細道」

位於宮城縣松島町瑞巖寺境內的李登輝、李曾文惠俳句詩碑。

攝影—淺岡敬史

歐巴馬總統的最敬禮

二〇〇九年美國總統歐巴馬到訪日本，在訪問天皇居所的宮殿時，歐巴馬與天皇一面握手一面行九十度的鞠躬大禮，不知道有多少日本人能夠瞭解其中的意義呢？

歐巴馬是美國第一位非裔總統，過去黑人被當作奴隸帶到美國，不斷遭受歧視和迫害，終於在經歷長達五百年的艱苦歷史後，才有黑人被選為世界第一大國的領袖，背負這種歷史的總統為什麼會向天皇行最敬禮呢？

歐巴馬總統其實是向天皇所象徵的日本文化，以及日本人所擁有的精神性行最敬禮。

美國達成了急遽的經濟發展後，中國成了僅次於美國的經濟大國，所以現在被視為最重要的應該是與中國的關係，儘管如此，歐巴馬總統卻沒有在與中國國家主席會面時行最敬禮，而是對天皇這麼做，與其說這是政治性意圖，倒不如說這的確是尊敬日本這個國家的歷史與文化之意。

日本就是這麼受到全世界的尊敬，日本人應該對此銘記在心才是，而且日本的文化乃取自於配合大自然的生活當中，這樣的文化即使在全世界裡也算稀有，日本人必須對此有所自覺才行。

日本的社會自戰敗以來似乎就蔓延著一種自虐的史觀，這真是可悲的事情，只有日本人忘了日本人的美好之處，並失去自信，所以正是這個時候，日本人應該取回身為日本人的尊嚴。

在心裡尊崇高度精神性與美的綜合體就是日本人的特質，雖然日本人對此可能不太了解，可是就算在311大地震時，日本人也展現出了不失秩序與井井有條的行動，以及為他人著想的心，倘若這是在其他國家的話，就算發生搶奪或暴動也毫不意外，因此全世界都對日本人的品格高度感到驚訝。

這正是長久以來所培養的日本精神與日本文化。

《勸學》

日本文化的特徵是在歷史之中釀造而成。

直到聖德太子與「大化革新」的時代，才從中國採納儒家與佛教等文化，延續到了鎌倉時代以後，便產生了武士道精神這種不成文的道德規範，並成為日本精神文化的土壤。

接著，出現了明治維新這樣的重大轉機，於是發生了融合東西方文明這種世界史上罕見的文明轉換。

為了瞭解其中的來龍去脈，我想先就福澤諭吉的《勸學》談起。

《勸學》是福澤諭吉在一八七二年（明治五年）二月到一八七六年十一月的這五年間，在反覆試驗的不斷累積中陸續出版的小冊子，前後共十七篇。之後在一八八〇年追加了名為「合訂本勸學序」的前言，把十七篇合併成一本書。

根據此前言，從初版以來的八年間，大約賣了七十萬本，最後總共賣超過了三百萬本。如果當時的日本人口有大約三千萬的話，其實每十個人就有一個人讀過此書，這在當時那個難以保證有像現在這樣大規模販售通路的時代，可說是驚人的暢銷書吧！

福澤後來以「掃除破壞與建置經營」為題撰寫一文，回顧自己的思想，將自己的方向分成兩段，自行寫下「第一階段主張掃除破壞，第二階段改為主張建置經營」。「掃除破壞」，也就是以掃除、破壞封建時代的想法為目標出版這本《勸學》，而這本書可說毫無疑問就是屬於第一階段的第一本書。

如果說到在此之前的福澤，給人留下的印象大概就是吃西式料理、穿西服介紹關於西方的事情，或者主要著眼於新知識的普及，對於思想鬥爭這些批判意識形態的攻擊，此時還沒有所企圖，所以他可說是從《勸學》開始公開宣告這種企圖。

那是因為明治政府在一八七二年公布了學制，所以福澤認同了明治政府所具有的進步性質，才開始下定決心要推動革新事業。

在《勸學》第一篇開頭會寫下「有句話說天不造人上之人，亦不造人下之人」這麼一句名言，是因為在明治政府所頒布的學制裡，有「教育不是為了國家，而是為了個人的必要存在」這樣提倡國民平等的公共教育理念。

裡頭還宣告了「絕對要讓村內不再有不學之人」。

具體來說，把全國劃分為八大學區，每個大學區分成三十二個中學區，每個中學區再分成兩百一十個小學區，目標是把整個學校制度設計成金字塔型結構來實現學區制度。規定六歲開始上小學，為八年制，分高年級和低年級各四年。雖然在短短幾年之內，就設立了大約兩萬六千所小學，但因為當時國家缺乏財力，所以有一半都是挪用江戶時代的私塾。

明治政府的政策跟福澤當初的預測不同，這是因為福澤屬於佐幕派，而非勤皇派，所以對於明治政府想要採納西方思想來發展國家的打算並不知情。

可是，維新政府循序實行的革新政策，反倒出乎了福澤的意料，特別是一八七一年的廢藩置縣，讓當時以福澤為首的文明主義者們都得到了驚喜。

因為新政府的果斷執行已經有了能見度，所以福澤懷抱著新的希望與抱負，終於有了想要把新日本思想領導者的任務擔負在自己肩上的心情。

比起儒學的思辨，還不如實證的學問

《勸學》正如它的書名，在說明學問的重要之處，所以可以推測福澤有意圖想要透過學問來說明區分虛實混雜之理想與現實的方法，也可以說他想要說明人生在有無學問的情況下會有什麼樣的影響，藉此為日本國民示範該走的道路。

那開篇第一句的「有句話說天不造人上之人，亦不造人下之人」，歸根究柢也是在表現出本來平等的人，之所以會有貴賤之別，完全是來自於學與不學的結果。

然後福澤所「勸」的學問，並非以往的東西，而是新的應用科學。應用科學相對於儒學的思辨性，意味著實證的學問。

漢文和古文之類的「雖然有它的優點，但並不值得用功學習到那種程度」，福澤的說法雖然沒有否定它的意義，但它並沒有值得世上關注的價值。他寫下：「與其學習儒學家或朱子學家所說那些包含艱澀話語的漢文和古文，還不如先學習對日常生活有利用價值的讀寫、計算以及基本道德等應用科學。」就這樣，福澤不只傾向西方的物理、化學，還認為有必要了解西方的人文科學。

在西方的自然科學方面，大自然是受到嚴密法則支配的世界，瞭解這點的福澤，首先學習人文科學裡的經濟學，接著才是倫理學。

經濟學是人文科學裡，法則科學性質最為濃厚的學科[1]。之後福澤還更進一步去認識西方倫理學，也就是哲學，並研究道德哲學概論，甚至在慶應義塾大學開設修身論的課程。

這樣看下來，我們可說《勸學》是以西方文化的基本想法作為基礎的論文集。《勸學》中第八篇的〈勿以個人意志限制他人〉一章和第七篇的〈論國民的職責〉是第六篇〈論國法之貴〉的延續，說明國民守法的義務，主張「萬一政府實行暴政，國民要恪守正道而不屈，就算為此承受加身的痛苦，也應該忍受成為殉道者」。這個主張雖然遭受相當多的輿論批判，但是在福澤投稿了一篇〈勸學之批評〉的辯白論文後，抨擊的聲音就消失了。

1 編按：「法則科學」是以探求現象背後的定律、法則為目的之科學，是自然科學的代表，德文為「Gesetzeswissenschaft」，英文為「nomological science」，代表人物有笛卡兒和牛頓等。

對於《勸學》裡所主張的事情，福澤都親身實踐了那些至今與日本疏遠的自我主張，他把成為民間既有的日本文明之師一事視為己任，日復一日，終其一生，這應該是值得尊敬的事。

東西方文明的融合

一八六八年三月，明治天皇在公家[2]、大名[3]面前發表了揭明新國家建設的大方針——「五條御誓文」，然後設置議會，以公議輿論為基礎來施政，提倡活潑的言論。日本因此採納了西方文明，決定了走向近代立憲國家的發展方向。

明治政府有三個強力的制度改革，也就是推動學校制度、徵兵制度以及租稅制度的改革，藉此鞏固作為近代民族國家的基礎。

在明治政府成立之前曾有王政復古[4]的宣言，而且政府對宗教的態度相當曖昧，可是就在瞭解到必須採納西方文明之後，便開始倡導文明西化[5]的重要性，於是在一八七三年默許了基督教，並在前一年採用了一天二十四小時、一週七天、週日休假的西曆。

從廢藩置縣的前後到福澤諭吉出版《勸學》的這段時間，宣告了尊崇實力而非身分的社會到來。因為倡導「獨立自尊」和「自助、勤勉之精神」的重要性，以及因為廣泛閱讀之故而發行了許多報章雜誌，再加上私校和私塾的開設，讓歐洲各國的生活、風俗與思想都得以被大眾知曉。

人們的生活也產生了極大的變化，在東京這樣的大城市裡，流行剪短髮、穿西服、吃牛肉，並廣泛使用煤油燈，而且開始相繼出現磚造西式建築與被煤氣燈照亮的街頭，以及人力車和馬車奔走的西化城鎮。

2　編按：朝廷上的貴族官員。

3　編按：日本封建時代有領地的領主，在各個時代意義皆有所差異。

4　編按：日本在明治政府之前的幕府時代，天皇都是有名無實的領袖，實權實際掌握在幕府大將軍手上，而「王政復古」的主張就是把屬於天皇的實權還給天皇，所以也宣告了德川幕府的終結，即日本最後一個江戶幕府的結束，以及新政府時代的開始。

5　編按：此處日文原文為「文明開化」，專指明治時期學習西方文明的「西化運動」，類似於中國的「洋務運動」。

在風俗的西化上，雖然有批評只學西方表面的聲音，但是我們還是可以看到日本人擅長從其他文明汲取有益自身之處的能力。

如上文所述，政府雖然在明治學制的頒布下，一口氣設立了大約兩萬六千所小學，但其中大多是挪用原本的私塾，所以不久之後，私塾就被收編到對國民平等開放的小學制度裡，不管是武士之子，還是商人或農民之子都能一塊併桌學習，而沒有另外為武士階級的子弟設立特別的學校，從這點就可以看到與明治維新之革命相似的特徵。

小學設有畢業測驗，確保能夠成功依能力升學，並更進一步籌備不問身分、專門培育新領導階層的高等教育機關，於是封建的身分差異在能力主義為主的教育下逐漸崩壞，日本可以有現在這樣平等的社會，這可說是原因之一。

那麼，日本文化是否有因為《勸學》而改變呢？如果我們不瞭解日本文化的特徵，我們也就無法瞭解《勸學》的真正意義，這麼說一點也不為過。

由福澤諭吉等人在民間呼籲對社會進行強烈變革的明治維新，是日本自聖德太子引進佛教以來，第二次的大規模文明變革。

日本有史以來，其文化就是在自大陸與西方不斷湧入變化的大浪中，持續達到令人驚訝的進步，結果日本從來沒有被這些湍流給吞沒，反而出色地建構出日本特有的傳統。自古以來，日本人都具備這樣罕見的能力與精神，在巧取外來文化時，也改造出更方便又容易被接受的東西。

我認為，像這樣創造、製作新文化的方法，對於一個國家邁向未來成長與發展之路來說，是非常重要的部分。像這樣被賦予天生才能的日本人，怎麼可能輕易捨去日本精神這樣全世界珍貴的遺產和傳統。

那麼，日本文化為何呢？那就是在心裡尊崇高度精神性與美的綜合體，也可說是存在於日本人的生活裡。日本文化是世界稀有的特殊文化，日本人必須對此有所自覺，因為日本的文化乃取自於配合大自然的生活當中，這樣的文化即使在全世界裡也可說是稀有。

「武士道」的高度精神性

如果被問到日本及日本人特有的精神為何，我會立刻回答「大和魂」或是「武士道」。

武士道是以前日本人的道德體系，也就是封建時代下授予並要求武士遵守的道德規範，是不成文的形式，也就是不透過文章的形式呈現，而是透過口傳，或者只是在幾個武士或學者的筆下留下少數的格言，但更多的是沒有被說出或沒有被寫下的規範，只銘記在內心深處裡，這樣不言不文的存在，反而透過實行更加強化了其意義，成為不說謊、言出必行的「躬行實踐」精神。

一個人再怎麼有才能，也無法只憑一個人的頭腦就創造出武士道，而一個人變得再有名，武士道也不可能只基於一個人物的生涯而被創作出來，所以武士道是在武士的生活當中，經過數十年、數百年後，才以有機的方式發展出來。

最終才成為日本人的行動準則和生存哲學，以無私、秩序、名譽、勇氣、廉潔、豪邁、惻隱之心、躬行實踐為內容，作為日本人的精神而深入生活當中。

現在台灣海峽、巴勒斯坦、阿富汗、伊拉克和朝鮮半島等地的危險情勢升高，不只是政治、軍事方面，連經濟方面的危機也擴散到了全世界，在這樣的狀況之下，一旦考量到該用什麼作為精神依歸，我想我會毫不猶豫地提出「武士道」。

著有《武士道》一書的新渡戶稻造曾說過，「武士道」可說是日本精神誇耀於全世界的結晶，其誕生要歸因於日本不斷積累的歷史、傳統、哲學、風俗以及習慣。

當然，武士道的淵源與佛教有關，特別是來自禪的教導，其他還受到中國儒家和日本自古以來的神道影響，據說其本質為大和民族所固有，早於中國文化的影響。

新渡戶稻造在《武士道》裡，首先列舉德目中的「義」，所謂的「義」，用一句話來說就是禁止卑劣的行為，而且不能只侷限在「私」的層次，一定要提升到「公」的層次，這是必須接受的觀念。

接下來是「勇」，和「義」密切關聯，沒有義的勇氣是毫無價值的。

再來有「仁」，以及與此密切關聯，因為尊敬他人而產生謙虛、殷勤之心的「禮」，還有對「禮」來說絕對不可或缺的「誠」，最後是被日本人放在人倫最上位，可說是名譽規範的「忠」。

新渡戶說，當這些若即若離的德目變成渾然一體時，就是「武士道」。

說「武士道」是人類的最高領導理念，一點也不為過，可是，真心令人感到遺憾的是，在武士道誕生的日本，自戰爭結束以來，不管是「武士道」還是「大和魂」，幾乎都出現了沒人關注的情況。

這個現象的背後是日本人對「過去」的全面否定，也大大受到「自虐的價值觀」影響，只要提到「武士道」等，得到的反應就是，那是封建時代違反人性且反民主的亡靈。

可是，像學校的荒廢、青少年素行不良與兇惡犯罪增加、失業率增加、官員腐敗，以及領導階層推卸責任這些動搖國本、令現代日本苦惱的問題，在武士道這種道德規範作為國民精神支柱的時代，是未曾見過的。

換句話說，這些問題與戰後自虐的價值觀脫不了關係。

實在令人感到遺憾的是，日本自一九四五年戰敗以來，因為GHQ的占領政策之故，而單方面否定了無可取代的日本精神。就連教育現場，也因為教導「日本過去的一切都錯了，日本做了壞事」的日教組開始失控，而在日本青少年身上植入了錯誤的價值觀，使他們漸漸失去自信，於是中、韓充斥虛偽和惡意的宣傳，便藉機讓日本成為被貶低的一方，為此我替日本的年輕人感到同情。

在這樣的情況下，「武士道」的否定，不只對日本人來說是一種強烈的打擊，對全世界的人來說也可說是一大損失吧。

我在自己的拙作《「武士道」解題：做人的根本》裡問：「此刻，為何是武士道？」這個問題的詢問對象，並不單只是日本和日本人，也是對我自己的提問。正是在危急存亡之秋，每個人才必須重新去認識、檢視「生存方式的體會」，而且，如果沒能嚴格探究這個問題，就看不到國家和國民的未來。

我會在此刻大聲說出我們來重新評價武士道精神，是因為我殷切期望大家能在此時重新想起日本人原本精神上的價值觀，對於什麼是民族固有的歷史，以及傳統又是怎麼一回事，希望都能再一次認真思考，然後讓外國人和現在的年輕日本人們瞭解日本文化的傑出精神性。

日本文化的情趣與形式

如果從死生觀的角度來說，儒家缺乏「死亡與復活」的觀念，也沒有否定事物的動機，所以儒家所孕育的危險就是一味強化對於「生」的積極肯定。

儒家作為制定善惡的道德，卻因為沒有把死生觀說清楚，而讓每個人自己的生存意義與樹立於前的道德之間產生了落差。

儒家被稱作「用文字書寫出來的宗教」，終究只是與科舉制度一同支撐皇帝式權力的意識形態罷了，其教導未能替人民的心帶來平靜。

中國人把這樣的儒家奉於上位，最後跟著空洞的口號起舞，並為此感到滿足，或者只是一味顧及面子，什麼問題也沒能解決，反而造成價值觀的錯亂。

我也曾經學習四書五經，可是，對於「人生應該如何」這樣的課題，我為它無法給予解答而感到不滿。

我對儒家的批判雖然是基於這樣的體驗，但未知死，焉知生，人類活著的時候是為了誰？為了公眾又非得做什麼不可呢？

佛教賦予武士道的冷靜沉著之心，可說是現下受困於物質主義的日本，最欠缺的要素之一吧。透過武士道的學習，才有可能冷靜接受事態，並沉著予以應對。

只是，對於「賤生親死」這種想法，我是抱持否定的。比起生來佛教更重視死，可是，本來抱持死生觀這種事，就是一種因為先瞭解死亡而後才知道該怎麼活著的問題意識，所以活著是非常重要的事。

而親死之心也是不可取的，就因為瞭解死亡很重要，所以要根據對死亡的瞭解，來抱持著生是該怎麼活著的這種問題意識，這才是最重要的。在《葉隱》裡有一句這樣的名言：「所謂的武士道，就是看透死亡。」這如前文所述，是呈現出關於生死的問題意識。

新渡戶稻造是基督徒，他本身也是武士家族出身，所以原本就有儒家教養的底子，可是我猜他最後是不是因為儒家欠缺死生觀，而求道於基督教，然後在基督教這種新道德體系下，他重新發現的並不是武家時代為了維持物理與現實兼具的權力而存在的狹義武士道，而是為了追求精神與理想兼具的生存方式而存在的永恆道德規範，也就是廣義的「武士道」價值。

這個「皈信」與改變理論的「轉向」相似卻不相同，新渡戶是道的追求者，也就是求道者，因此成了皈信者，也因為如此，他才得以打開日本整體宗教的視野，並講述武士道的淵源。

對他而言，被重新發現的「武士道」就只是日本人埋頭苦幹的美德，也可以說是「公」與「私」分明的「奉公精神」吧。

我認為日本文化的優勢是帶有崇高的精神性，也就是在於日本人的生活裡，能夠代表武士道精神的哲學。

個人不能只是帶著發自內心的堅強意志與自制力來為「公」盡心，在私人面向，也不能忘了要尊崇日本人生活裡的美。

這些不管是作為情趣還是形式，都成了日本人的生活本身，這裡頭潛藏了日本人的一大美學特色，也就是和諧的精神與對大自然的感受性，從日常生活之中找出「物哀」、「恬靜」、「幽雅」這些日本人獨特卻又普遍為人類擁有的美學，再把它們融入生活裡。

老子說：「道可道非常道。」意思是道不是能夠說出口的東西，能夠說出口的東西就永遠不是道。

就像日本人有插花的「花道」和品茶的「茶道」，生活中的所有行為都可以成為「道」，所以不管是弓還是劍，也都能成為「道」這種形式，還可以用俳句與和歌這種形式來表現與大自然之間所具有的共生關係，這是外國人難以理解的日本人特質。

探訪「奧之細道」

我認為所謂的「日本精神」可分為兩大部分。

首先是誠實不說謊，這是與「武士道」相繫之日本精神的根基。然後另一個就是與大自然的和諧，這是日本人的美學情趣。當我被要求提筆揮毫時，我會主動選擇寫下「誠實自然」這四個字。

松尾芭蕉的《奧之細道》可說是適當統整了這種日本文化之美的作品吧，裡頭表現出來的「恬靜」、「幽雅」，正是日本人原本的感人心情與情趣。

二〇〇四年十二月我與四位家人一塊到訪了睽違六十年的日本，得到了一週的觀光機會可以享受，接著又在二〇〇七年的五月到六月，以文化與學術交流為目的造訪了日本，而且在這個時候實現了探訪「奧之細道」的心願。

可惜的是，我沒有辦法踏遍芭蕉的所有足跡，只有遍歷深川、日光、仙台、松島、平泉、山寺以及象潟，之後的路線只能留待下次機會了，這趟旅途讓我慢慢領略到日本人的生活與大自然之間的和諧，是我人生中最棒的旅行，永遠難忘的回憶。

抵達日本隔天，我參訪了深川的「江東區芭蕉記念館」，我就是從這開始了我的「奧之細道」探訪之旅。

我在旅途上，一邊在腦中反覆回味著芭蕉的詩句，一邊思考著芭蕉踏上旅途的目的種種。

芭蕉和曾良[6]抵達平泉後，映入眼簾的是與藤原秀衡[7]有因緣的金雞山[8]，於是他緬懷往昔，呆立許久後吟詠出：

夏天蔓草也　與眾兵　皆成夢痕

時過境遷，華麗的過往，如今只留荒煙蔓草一堆，如此想法只有日本人才會有。造訪以山寺之通稱聞名的立石寺時，在蟬聲、潮聲以及周遭一片安靜之中，芭蕉詠出了：

6　編按：河合曾良，江戶時代的俳句詩人，是松尾芭蕉的十大弟子之一，與芭蕉同遊奧州和北陸，即奧之細道。

7　編按：平安時代末期的武將。

8　編按：金雞山上有藤原秀衡仿宇治平等院的鳳凰堂所建造的無量光院，現在只剩遺跡。

閑寂也　入岩三分　蟬之聲

一句話描述了與大自然的和諧滲透人心，這應該無須多做說明吧。

在探訪「奧之細道」的旅程中，芭蕉還特地前往一個重要的目的地，就是現在秋田縣的象潟，在他為風景感動之時，還把令人憐愛的合歡花比喻成中國傳說中的美女西施，吟詠出：

象潟也　雨中合歡之花　如沉睡西施

在象潟的蚶滿寺，我看到了刻有那俳句的立碑，內心受到莫大的感動，司馬遼太郎如我所想，也曾造訪蚶滿寺，而且在他的《街道漫步》紀行集中寫下：「以芭蕉的感覺來說，象潟的水邊風景很適合搭配雨景。」

遊興未減的芭蕉奮力提起他最後的精力，沿著海岸進入越後之國，在出雲崎投宿時，吟詠了一句：

波濤洶湧之海也　橫跨佐渡　銀河

如此壯麗的景觀充分表現出了情趣與形式，是日本人的特色代表。

芭蕉並沒有對松島那過分的美麗吟詠出俳句，所以由我代他為之便是一種僭越，但我還是試著做了這樣的句子：

松島也　光與影　光彩奪目

我的妻子也吟詠出：

松島也　浪漫在竊竊私語　夏之海

這兩首俳句的立碑就建在松島的瑞巖寺境內，位於芭蕉的俳句立碑旁，雖然慚愧至極，但卻也讓我感受到比得到諾貝爾獎還要大的光榮。

對「參拜靖國神社」批判是不合理的

在此次訪日之際，我還實現了另一個心願，我去東京九段參拜了祭奠我兄長李登欽（岩里武則）的靖國神社。

探訪「奧之細道」後，在回到東京的隔天（六月七日）早上，我帶著妻子和孫女，以及台灣獨立建國聯盟主席黃昭堂，偕同曾野綾子與三浦朱門夫妻倆，以遺族的身分參拜了靖國神社，並祭拜了兄長的在天之靈。

擁有岩里武則這個日本名字的兄長，在一九四三年（昭和十八年）的台灣，藉著實施志願役士兵制度的機會，放棄了警察官的職務而加入海軍。

在隔年的一九四四年（昭和十九年），我們在台灣南部的高雄街上相遇，拍下了幾張照片，但這卻成了我與兄長的最後一次見面。

兄長是在第二次世界大戰末期的一九四五年（昭和二〇年）二月十五日於菲律賓的呂宋島戰死，但是聽聞此惡耗的父親，到最後一刻都不願承認兄長的死。

一九九五年父親在高齡九十八歲仙逝之前，對於兄長的事，還是用如同口頭禪般的口吻說著：「他一定還在南方活著，總有一天會回來台灣。」所以我家沒有兄長的牌位，也沒有墓地，自然也沒有弔唁過兄長的在天之靈。

靖國神社在戰後經過將近七十年，都替這個因故無法弔唁兄長的家，撫慰了兄長的在天之靈。

雖然我在二〇〇〇年卸下總統職位，但因為有各種約束存在，所以訪日這件事一直沒能實現，現在睽違六十二年，再度與我感情很好的兄長見面，我終於因為能夠為他祈求冥福而放下了心中的大石頭。

對於我家來說，兄長的存在證明只有在靖國神社裡，我家沒能做的弔祭，靖國神社一直都在幫我們弔祭著，長久以來都為我們撫慰兄長的亡魂，所以就算只是為此表達由衷的感謝，我也必須參拜靖國神社。

即便是此次的訪日，同行的新聞記者們還是會反覆將麥克風指向我詢問：「會去參拜靖國神社嗎？」這次我這麼回答：「已經超過六十年沒見過面的兄長就在靖國神社裡，身為他的弟弟，我來到了東京，如果你是我會怎麼做？你只要把這份心情寫成報導就可以了，請不要用政治思考，而是以身為人的角度來思考。」

雖然日本有一部分的人，還有中國和韓國都把參拜靖國神社當做歷史問題或政治問題來大肆報導，但我身為遺族之一，為了對兄長表達尊敬之意，不得不造訪祭祀兄長的神社，那完全是我個人的事，把這件事鎖定在歷史面和政治面上是不對的。

我在擔任總統期間也會於春秋兩季前去參拜台北的忠烈祠，只是這裡祭祀的是在中國大陸對日抗戰的軍隊，以當時作為日本領土的台灣來看，他們就是敵軍，並不是為了台灣戰鬥而喪命的人，話雖如此，為了撫慰他們的在天之靈，我還是以身為人的大愛前去參拜並鞠躬致意。

9　編按：原文為「大東亜戦争」，請參考第三章注2（P.125）。

當然，我很清楚關於靖國神社的問題，日本首相和閣員只要前去參拜，報紙就會把它當成重大的政治問題來取材，或是當作歷史問題來譴責政府，可是這些都跟我沒有關係。

話說靖國神社的問題是從哪裡來的呢？關於這件事情，我們必須更認真來思考才行。

我認為靖國神社的問題是，中國和韓國因為無法處理自己國內的問題而捏造出來的，其實是為了藉此來攻擊日本，可是日本的政治家在面對此事時卻過於懦弱。

去年（二〇一三年）年底，安倍首相終於完成了參拜靖國神社的心願。年輕的生命為了保衛國家而戰死，身為國家領導人，前往參拜並祭祀他們的英靈是理所當然之事，不管是中韓還是美國，這些來自外國政府的批判是完全沒道理的。

對於我參拜靖國神社的舉動，中國雖然按照慣例譴責，但也只是一些低階官員在吵鬧而已，上位的人什麼也沒說，報紙把這些低階官員的發言大肆報導，這件事本身就是錯誤。

我之所以參拜靖國神社，唯一的目的就只是以個人的名義去為我的兄長祈求冥福，日本人也應該以此為出發點才是，從這樣的認知開始，今後日本人在面對靖國神社時的想法也不得不改變。

日本人的不變美學

在這次的訪日行程中，印象最深刻的是，許多人在目的地揮舞著的日本國旗和綠色的台灣旗，或是揮舞著在日本支持我的日本李登輝之友會的小旗子，又或者張開橫布條，歡迎我的來到，其中有很多的年輕人，這也讓我感到開心。

日本在戰後達成了大幅度的經濟成長，從一片焦土中站了起來，最後成為世界第一的經濟大國，並且作為民主和平的國家而受到世界各國尊敬。

儘管沖繩在六十年前遭受到嚴重的破壞，但我在二〇〇八年造訪時，卻在眼前看到了驚人的發展，店家整齊林立，讓我由衷佩服沖繩所有人的努力。在二次世界大戰中，因為沖繩付出了很大的犧牲，台灣才能得救，如果沒有沖繩，台灣就會化為戰場，那麼台灣能否有現在的復興發展就不得而知了，所以我們能為沖繩逝去的人們做些什麼，也就只有為他們祈求冥福而已。

戰敗後日本人雖然以獲得經濟繁榮為第一優先，可是他們就算要忍耐戰敗的苦難，也沒有失去日本的傳統與文化。

讓我留下深刻記憶的是日本各項產業的傑出服務，特別是新幹線上，讓我大開眼界的周到車廂服務，從中讓我感受到了戰前日本人所具有的認真和細心。

雖然我也曾聽聞「現在的日本年輕人沒用」的說法，但我絕對沒有這樣想，因為日本人還是保留著和戰前一樣的美德。

當然，表面上的確有其鬆懈之處，不過，這只是因為從過去的社會束縛中解放出來罷了，幾乎所有日本人都能遵守現在的社會規則，並依據道德規範來行動。

我在從東京前往仙台的途中，或是前往日光的途中，都仔細做了觀察，日本人的行動都彬彬有禮，像這樣的國民是其他國家裡幾乎看不到的。

確實維持社會秩序、在公共場所提供最佳服務、保持整潔，即使奔走在長途的高速公路上，也不見任何垃圾落下，能做到這種程度的國家，從國際上來看，恐怕也只有日本而已，不是嗎？所以日本給我一種果然是一流國家的確實感受。

而且我對日本國民把自己視為亞洲的一分子感到極為開心，雖然對於身為亞洲領導者一事，日本還有缺乏充分自覺的不安面向，但我們應該找不到其他國家能像日本人這樣具備此等出色的智慧、道德以及技術等等，台灣也好，其他各國也好，都應該向日本多加學習才是。

另外，我還感受到日本人對國家和社會的態度有了些許的改變，以前和日本年輕人碰面時，他們都會給我留下「只要自己好就好，根本不需要國家」的強烈印象，可是最近我覺得他們開始有了很大的轉變。

在經過戰後忍耐的這段期間後，日本開始在追求經濟發展之外，強調日本文化奠基於武士道精神的精神層面，持續對於保有日本文化，也就是社會的精神層面，給予非常高的評價。日本文化的輝煌傳統，在經過數千年的累積後，開始獲得了全世界人們的強烈尊敬與信賴，歐巴馬總統的最敬禮就是這樣的展現。不尊敬日本的國家，只有中國和韓國而已。

何謂日本文化呢？我再說一次，那就是高尚的精神與美的尊崇，換句話說，就是把美學的思維融入生活當中的混合體，這才是日本人的生活，也是日本文化。

福澤諭吉的《勸學》雖然在強調日本文化嶄新的一面，可是那也可以說是為了不失去日本文化的傳統而作的維護動作。

日本人只要不失去「日本精神」，我相信日本就有可能發展成世界的領袖。

從一位青年的來信中看見日本人的精神文化

在本章最後我想介紹一封日本青年寄來的感人信件。

對於台灣的未來，我長久以來都是主張持續維持國家的自主性，並促進產業結構改善，也就是以再生能源為主要產業的經濟改革。

為此，我設立了與再生能源相關的研究室，並從日本招聘學者來擔任研究員，邀請候選名單上的三位學者來台灣參觀研究室與研究環境，在短短三天的停留中渡過了有意義的時間，等他們回國後，其中一位青年便寄來了下文裡的有禮信件。

七張信紙寫得滿滿，我反覆拜讀裡頭用心所寫的內容，心中滿是感動。

從信中我看到了日本人的精神、日本文化的傳統，以及品格，所以我們就先來讀信吧。

李登輝老師

道啟

能夠在台灣拜謁閣下與您的家人，是我的無上光榮，在尊夫人身體狀況不佳時，還勞煩她出席，真是不好意思，而且還見到了美麗的坤儀小姐，令人大大歡喜。對於後生小輩的我來說，如此盛情款待，真的不好意思，由衷向您表達謝意。

幾天前回到了落雪深積的日本，在回程的飛機上，我的內心仍然興奮不已，真的度過了非常美好的一段時間，所參觀的研究室遠遠超乎我的想像，那正是我理想中的研究室，對於每天都在絕對稱不上完美的環境中度過的我來說，那具備所有設備的寬闊實驗室，就像夢中描繪的世界一樣，令我殷切期望能夠置身於這樣的環境裡，即使只有一次也好，畢竟能夠接受來自各方的援助，是我所渴望的事，所以這個實驗室的環境真是堪比桃花源。能夠接到閣下親自邀請前往台灣，讓我感受到一股無法抑止的情緒高昂，很想要立刻移居台灣，盡情按照自己的想法來進行研究。然而，在我回到日本，經過靜下心來的深思熟慮後，還是決定要婉拒此次的機會，理由有以下二點：

第一，在我立志成為研究再生能源的學生之前，我就是一個日本人，經常想著要在大學畢業後，出社會為日本打拼。從研究面來看，再生能源如果沒有國家的資助，的確就沒有辦法進行，可是我在大學就讀時，同時也接受了日本政府的獎學金，而這筆獎學金的支付是期待我們能夠貢獻己力給日本的未來。

而且當我的研究處於最為困苦的時期，很慶幸地獲得了來自民間財團的獎學金，而這筆獎學金的設立，其背後也是為了讓日本技術立國的理念能在資源匱乏之時，不分研究領域來持續資助那些立志於科學技術的學生，我因為這筆獎學金之故，才得以繼續進行再生能源的研究，並因此出席了國際研討會，然後遇到了現在的指導教授，最後獲得進入現在這所大學進修的機會。我認為自己現在能獲得博士學位，也是因為這筆獎學金的關係，所以至今接受獎學金的恩情，我認為自己應該加以回報來實現財團的高遠之志，並對日本的技術立國盡上一份棉薄之力。

另外，除了獎學金之外，我認為會有今日之我，全都是來自日本社會與制度的恩澤，我所享受的恩情是來自那些與我求學無關的領域，也就是生活環境和治安、社會福利、經濟等等的富裕，所以我必須透過科學技術的發展來加以回報不可。因此，在未盡這些責任與義務之前，我沒有辦法立刻移居到台灣，即便承蒙閣下之邀，也請恕我無法答應。我首先必須為日本盡棉薄之力，然後完成我的責任和義務，在那之後，如果再有機會承蒙閣下邀請，屆時我才能遵從自己的意思，盡全力去發展再生能源。

第二，這次參觀的研究環境，對我這樣的後生小輩來說，實在是承擔不起的待遇，正如出資者的某某老師所言，與人的相遇本身就是命運的展開，確實是如此，對我們這些從未接受過充分資助，而且一路掙扎受苦過來的再生能源關係人來說，我堅信這次的相遇絕對是改變命運的一大轉機，然而，對我來說，無論如何我都不會把這次的邂逅當作是天命。

再生能源的研究人員，至今接受到的資助幾乎是有等於沒有，可是在這樣不走運的情況下，還能有二十年來累積的成果，完全要歸功於研究人員的不斷努力。在窮困的環境中，由學會領導，加上來自老師方面的再三努力，這些都是我所不及之處，其中還有無法繼續研究再生能源的老師，在求職後自行籌得資金，設立研究所，更有老師創立半導體電路板的公司，籌得超過一億日圓的資金，準備設立研究所。

我原本之所以會投身於再生能源的領域，並非全然出於對現象本身的興趣，還有受到前輩們堅忍不拔的高遠之志所打動，前輩歷經千辛萬苦，為了突破現狀而在黑暗之中專注摸索，我絕不可以自己脫身來享受幸運。

這樣的情況不只是發生在再生能源領域，日本國內還有很多人在拼命工作，被迫過著困苦的生活，比起我來，這些人所投身的產業現狀，都遠比我要來得辛苦，所以我有一股強烈的抗拒感，覺得自己不該沒吃過任何苦，就只是因為幸運而獲得財富與權力。

有別於上次獲得獎學金後遇到現在大學老師的際遇，這次的相遇不是因為我的努力，所以裡頭的展開並不具有必然性，只是單純受到運氣眷顧而已，而且像我這樣的後生小輩，一旦享有優厚的待遇，就會開始怠惰，淡忘了自己的初衷。也許有一天，等我功成名就後，如果還有機會，我會憑自己的實力前去拜謁閣下，屆時獲得閣下的資助而投身於再生能源的潮流之中，那才是天命所在。

我清楚知道這次放棄翱翔於天空的機會，對我的人生來說，可能不只是放棄機會這麼簡單，搞不好還後退了一大步，在我今後的生涯裡，應該再也沒有這樣的絕佳機會了吧。然而，對我來說，比起人生的成功，堅持身為日本人的榮譽與志氣才是我的本願。

某某老師曾向我表示自己對日本獨特的思想無法理解，即使換作閣下，可能也難以瞭解我的內心，這恐怕與日本人深奧的精神性有關。

未能盡如閣下之意，我由衷向您表達歉意，還請體諒我的心情，真是不好意思。今後雖然未能長期待在台灣，但為了報答教授的恩情，我會在能力許可之下予以援助，可能半年一次或一年一次，前去拜訪台灣的研究室，看看現場有沒有什麼需要幫忙，如果我所貢獻的棉薄之力能夠有一點點滿足閣下的希望，我將會喜出望外。

後生小輩的我，此行到訪台灣，承蒙閣下的直接教誨，永生難忘，我在此誓言報答此恩，不僅止於閣下，還有您的家人與相關人員，以及台灣的國民，為日台友好獻上棉薄之力。

此次承蒙盛情款待，真的不好意思，為了表達謝意，隨信送上日本的糖果，小小心意不成敬意。最後，為閣下身體健康與台灣繁榮獻上祝福。

恭請 鈞安

平成二十一年[10]三月十二日

這封信裡用端正的禮儀表達了他對自己被邀請來台灣的感謝之意，同時對於日本再生能源的研究在許多困難和艱辛之中還能有所成果，充分描述了自己對於日本這個國家和社會的人們，以及從事研究的老師和同事的感謝。

日本精神可說是源源不絕地活在他的心裡。

首先，他具備了數千年來從根本支撐日本的高尚價值觀與道德觀，這是屬於形而上的層次。他對國家的未來付出關心，甘於清貧，然後還述說了身為一個人，應該怎麼活著。把奉公精神擺在第一位，不顧個人榮譽的想法，這是非得日本人才辦得到的事。

然後在想要為自己國家文化貢獻的心意之中，充分表現出了「進步」與「傳統」，這也正是作為日本精神本質的「公義」。

不管你喜不喜歡，人類社會都已經邁入了「全球化」的時代，在這種全球局勢中，「我是什麼人」的自我認同變成越來越重要的因素，從這層意思來看，他擁有具備日本精神的道德體系，這件事給了我一種可靠的感覺。

只要有這樣的青年存在，日本的未來將會是光輝燦爛的，對此我深信不疑。

10 編按：西元二〇〇九年。

第七章

今後的世界

從台北郊外的觀音山山頂眺望淡水河。

攝影—早川友久

「G零的世界」

在第二次世界大戰後的荒廢之中，唯一增加影響力的超級大國，就是免於經濟破產且急遽成長的美國。一九九一年蘇聯瓦解，美國從東西冷戰中獲勝，變成了單一的霸權國家。

可是，二〇〇一年九月發生的911恐怖攻擊事件，突然改變了至今以來的國際秩序，這個大事件可說是宣告了美國獨霸時代的終結，以及勢力分散到各國的時代來臨。

美國的IT產業早已泡沫化，景氣也出現了倒退的趨勢，這個同時間發生於多處的恐怖攻擊事件對金融方面帶來了衝擊，造成原有問題的進一步惡化。在那之後，持續低迷的美國經濟，又在二〇〇八年因為雷曼衝擊而遭到決定性的打擊，至此美國已經喪失了隻手引領全球的能力。

過去是美國、日本、法國、英國以及德國這先進五國——也就是G5——在引導全球經濟，後來義大利跟加拿大先後在一九七五年和一九七六年加入，變成G7召開高峰會（summit）並決定全球的大方向，其中的領袖就是美國，俄羅斯在一九九七年加入後就變成了G8。

然而，自二〇〇八年的金融危機以來，這些國家也都喪失了實力，取而代之的是中國、印度、巴西等經濟成長顯著的新興國家，他們的發言權變多了，於是，G8在加入這些新興國家後來到了G20，開始在關於國際政治的討論上爭論不休。

像這樣的國際秩序多元化，指的就是擁有經濟實力而且能夠代替美國領導全球的國家和組織已經不存在了，換句話說，缺少領導全球的領袖也可說是國際秩序的瓦解。就算把二十個利害相異的國家聚在一起討論，懷抱各自國內事務的他們也不可能找出一致的方向，美國政治學者伊恩・布雷默（Ian Bremmer）把這種情況稱為「G零」（G-Zero）的世界。

新興國家裡沒有一個具有能力和經濟實力可以繼承美國以及其盟國的領袖地位，中國在達成急速的經濟發展後，超越日本成為GDP世界第二的經濟大國，連美國都出現期望中國成為新領袖的呼聲，也就是美國和中國的「G2」之意。

然而，二〇一〇年九月，正如時任總理溫家寶在聯合國大會裡的演講一樣，「中國目前仍處於社會主義的初期階段，身為開發中國家的事實沒有改變。」所以中國還沒有那種意圖。中國的領導者們還沒有準備好接下此一重任的態勢，據說大概也辦不到吧。

布雷默在他的著作《G-Zero：為什麼世界政經缺乏領袖？未來何去何從？》

（*Every Nation for Itself: Winners and Losers in a G-Zero World*）[1]中寫了以下的內容：

正因為如此，在G零的世界裡，中國的發展前景從可預測的脈絡來看，是所有主要國家裡最低的。印度、巴西、土耳其只要繼續運用過去十年內成長所帶來的基本模式，就可以再持續成長十年，而美國、歐洲和日本則會再次針對具有長遠成功歷史的既有經濟體系投資，至於中國，為了能夠持續邁向以中產階級為主流的近代大國，就必須推動極為複雜並具有野心的改革，這個國家的興起是不安定、不均衡、不和諧，而且不可能持續下去的，中國共產黨的領導階層也都知道，想要掌舵將中國帶向下一個發展階段，自己的能力還遠遠不及。

根據布雷默的說法，中國現在仍然說著「我們是貧窮的」，而且還在逃避擔負世界領袖的責任，而中國的說法則是：「創立國際貨幣基金（IMF）和世界貿易組織（WTO）的不是西歐嗎？」可是另一方面，中國並沒有能力創造出足以取而代之的新體制，所以只能不斷經由干預鄰國的內政和領土來誇耀自己的力量。

就算中國的GDP僅次於美國，但因為人口超過了十三億，所以每人平均GDP不過六千美元，比伊拉克還要少，只有日本的八分之一。而且中國雖然以擴大內需為目標，但因為貧富差距懸殊，所以消費情況低迷。富裕階層占總人口不過百分之零點一卻獨占了百分之四十一的個人資產，中產階級也只占百分之二，大約二千五百萬人，這樣下去是無法擴大內需的。

貧富差距劇烈，不動產的泡泡也正面臨破滅，把收賄所得資產移往國外的公務人員也從中國逃出，外資也因為激烈的反日示威，以及不可置信的環境汙染而撤退，對於中國來說，根本無暇顧及其他，國內秩序都開始動搖了，還遑論國際秩序。

社會主義這種政治體制和中華思想的作法，本來就不可能帶領世界，因為在關於國際社會的利害得失以及安全保障上，其思考方式完全不同。

在同時間發生多起恐怖攻擊事件後，美國攻擊了藏匿恐怖分子的阿富汗，並將此定位為「新戰爭」，英國、法國和德國所屬的北大西洋公約組織（NATO）各國也參與了這場戰爭。當全世界正往新秩序移動時，中國也表現出與反恐行動同步的態

1 編按：日文版書名為《「Gゼロ」後の世界：主導国なき時代の勝者はだれか》，由北澤格翻譯，日本經濟新聞出版社出版；中文版由財信出版出版。

度，可是中國所考量的卻和北大西洋公約組織各國完全不同。

宣示反恐的背後，其實是想把自己的行為正當化，試圖運用攻擊國際恐怖組織的理由，來正當化自己對新疆維吾爾自治區與西藏的鎮壓，為了把自己國家的統治正當化而利用了恐怖攻擊事件。

中國本來就不期望見到美國在阿富汗的影響力增加，因為烏茲別克等這些位居中亞的阿富汗周邊國家，不僅是中國的「後門」，也是蘊藏龐大能源資源的「寶山」，由此可見，中國說不定也會在這裡為所欲為。乍看之下，中國的態度好像是在配合美國，可是這種時候反而必須去解讀背後的動機。

中國的本意並不是要建立新的世界秩序，在中國人的想法裡，太平洋大半邊都要由我們來掌握，所以從釣魚台列嶼到台灣都是自己的。

為了平成維新的「船中八策」

在這樣G零之後的時代裡，日本應該以什麼方向為目標呢？

首先要說的就是，與美國之間的關係將會變得越來越重要，不過話雖如此，日本早已不能再用弱者般的態度來尋求美國保護，兩國的關係必須是更密切對等的美日同盟。

美國現在對中國問題相當消極，即使中國單方面劃定了防空識別區，美國也沒有與安倍首相一起表現出強硬的態度，副總統拜登（Joseph Robinette "Joe" Biden）只是對習近平表示「擔憂」，而沒有明確要求撤銷，由此看來，日本非得是「獨立」於美國之外的存在。

京都大學的榮譽教授中西輝政，針對國家發展的必要條件，列舉了以下三點：

第一，人民的團結。
第二，身為國家的發展目標。
第三，領導者，擁有良好的領導者。

中西老師說，不具備這三點的國家就會沒落。

日本過去曾有過國家存亡的危機，但透過東西方文明的融合，完成了明治維新這樣世界史上未曾見過的偉業，從而渡過了國難。像坂本龍馬這樣的年輕人們，全都站出來成為領導日本的領袖，他們擁有的目標，就是日本這樣的國家應該如何發展。

政治必須經常維持改革才行，日本現在遭遇的是，明治維新以來，最需要大舉改革的狀況，所以現在正是發起平成維新的時候。

為了總結以上所說，我現在想要再一次與日本的各位提倡坂本龍馬的「船中八策」。明治維新時代的政治、社會、經濟、外交等，每一項都與現在的情況大相逕庭，這是不言而喻的，可是，重新檢討「船中八策」，把它作為指標來看，我認為這能讓日本國民保有驕傲和自信，並推動可以具體實踐的改革。

以下，我按照「船中八策」的次序提出我的意見。

第一議　天下政權還於朝廷，政令應當出於朝廷。

這表示必須端正王權所在。

戰後的日本作為自由主義國家而重新開始，可是只要看過後來的歷史痕跡，就會發現結合政治家、官員以及部分業界團體的既得利益政治橫行，所以並不能說是真正確立了民族主義。

會容許官員主導的政治，原因在於首相的領導能力薄弱，日本的首相並不像美國和台灣的總統一樣，是由國民直選，所以首相的政策執行力不足，是不是因為沒有直接獲得國民的支持呢。

而且有志之士想要擔任國會議員並不容易，因為日本的典型議員是世襲議員，他們不問能力，只是從父親那裡繼承了地緣與血緣的關係，就被周圍的人推舉成為議員。

所以感覺得出來，有很多走上政治之路的議員，都是把工作當成單純的職業或家業，而不是因為抱有使命感，想讓日本這個國家變得更好，或是具有強烈的志向，想讓日本成為對世界有所貢獻的國家，而往政治之路邁進。

這種狀況可以說是違反了「主權在民」這樣的民主主義原則，也正因為如此，即便當上了首相，如果他自己的目的只是要成為首相，那麼就會變得不知道接下來要做些什麼，這樣缺乏志向又缺乏能力的人，自然無法回應國民的期待。

被選出來的首相，如果與民意無關，在面對國際社會時，要做出充滿自信的發言和建議是辦不到的，不是嗎？現在的日本政治家不一定都會受到來自世界各國的尊敬，我想正是出於這個原因。

我知道日本有種擔心的聲音，擔心當權者會有受民粹影響的傾向，的確，日本人應該要反省，為何會被辦不到的政策宣言給矇騙，因而催生出危害國家的民主黨政權。

可是，如果要選出一個國家的領導者，把自己和家人的未來寄託在他身上，那麼日本人必定要做出正確的選擇。

第二議　設上下議政局，置議員以參萬機，展公議以決萬機。

這雖然是龍馬針對立法機關的論述，但廣義來說，也可以解釋為「國家形式」的論述。關於這點，我想最大的問題是都道府縣的行政，不論是法理上還是制度上，都是受到霞關官員的意向控制，換句話說，必須從中央集權體制蛻變而出，創造出「新的國家形式」。

最近關於地方主權型道州制的議論似乎吵得火熱，現在雖然有四十七個都道府縣，但採用這個制度只需要劃分成八州就好，這樣擴大每一個地方自治區，就能增加預算，積極從事公共事業，解決人才不足的問題。每個地方自治區的行政不是仰賴補助金，而是保有其主體性，這不就是期望能夠改變「國家形式」嗎？

把地方之事交給各個地方，無論是權限還是財源，都一併轉讓，然後各自憑著獨立的精神去獨自執行政策，這是地方主體的概念裡不可欠缺的。

第三議　公卿諸侯，以致天下人才，舉其有能，賜官晉爵，以為顧問，另削有名無實之官。

對於缺乏資源的日本而言，最重要的可說是人才，所以現在應該認真思考，該如何培養擔負國家未來的人才。日本人因為協調了精神與大自然，所以孕育出來的文化帶有自己專屬的唯美感，戰前的日本，在這樣獨特的文化背景下，施行了品格與精神性並重的教育。

今後的教育應該著重於提昇日本人所具備之高度精神性與纖細美感的特質，為此日本應該屏棄美式教育，重新想起戰前教育的長處，也就是說，必須回到日本原來的教育。

我非常贊成第一次安倍政權時所做的《教育基本法》修正，今後也應該更進一步把教改帶往繼承日本傳統文化的方向，因為日本人的精神與美感應該要受到全世界讚揚。

第四議　廣採公議以交外國，檢討規約以定其當。

受到二戰的敗戰衝擊和GHQ的徹底政治宣傳影響，再加上日教組的自虐式教育，我認為現在的日本外交並沒有從否定自己過去的歷史觀中脫離，反省固然重要，可是反省過度卻可說是一種自虐且自卑的愚蠢，因為自虐與自卑的精神無法帶來健全的外交，只會遭受到來自全世界的嘲笑，中國和韓國就是緊抓著這點來貶低日本。

至今為止的日本外交，看起來都是唯唯諾諾地接受交涉國家的主張，一副盡可能避免引起風波的模樣，可遺憾的是，就算日本表現得再怎麼謙虛，也不被外國人所理解。

在這種情況下，那樣的態度反而會為自己的示弱帶來輕視和輕蔑，日本必須認清這點才是，正是在這種時候，日本才更應該帶著獨立自主的風度與主體性，積極與各個國家展開堂堂正正的外交。

第五議　折衷古有之律令，重訂傳世之法典。

該如何對待作為國家根本的憲法，這對當今的日本來說是個重大的課題。誠如大家所周知，現在的日本憲法是用英文寫下，然後才翻譯成日文版，也就是說，這是戰勝國美國為了避免日本再次成為軍事大國，並與之刀刃相向，而把現在的憲法強加於日本之上。

因為憲法第九條禁止日本再次擁有軍備，所以日本的安全保障便交由美國負責，可是實際上，日本自衛隊的各種軍事行動都是為了因應美國所需的要求，所以實際情況不就是任憑美國差遣嗎？

有心的有識之士們雖然要求唯命是從的日本政府要斷然地「對美國說不」，可是日本的領導者們卻把這些建議當作耳邊風，就算能夠理解，卻還是沒有勇氣行動，全都是讓人感受不到骨氣的政治家。

為了真正的自立，日本需要做些什麼呢？

只要一面考量歷史一面思考的話，就會發現憲法問題避無可避，可是與其說是沒有太多關於憲法的討論，還不如說是修憲觸碰到了長久以來的禁忌，「正因為有憲法第九條，日本才能維持和平」的這種意見，也從一開始就根深蒂固於部分的左派人士之中。

可是逃避現實，把憲法問題放置不管，或是表現得毫不關心，我覺得這些都會讓「身為日本人的自我認同」變得曖昧不明，給國民的精神帶來不好的影響。

經過六十年以上，從未修改一字一句的憲法，在我看來反而不正常。儘管歷史經常在變遷，時代也在改變，日本和日本國民所處的狀況也不同，卻把作為國家根本的憲法放置不管，日本這樣的國家，在不久之後，應該就會被世界的脈動和時代給拋下而遭遇到強大的衰退。

安倍首相應該是把修憲當作最終的目標，可是修憲一定要花時間向國民說明，如此才能跨越禁忌和批判來實現目標。

第六議　擴張海軍。

近年來身為海洋國家的日本，面臨了急速的國際情勢變化，由美國獨霸的時代結束，世界變成好幾個區域大國之間的相互競爭，尤其是在西太平洋的主導權之爭上，中國的軍事擴張與實力運用，都加深了緊張程度，連美國也增加了很大的負擔。

在這樣的情況下，該如何運用美日同盟？或是日本應該擔任什麼樣的角色？這些問題都需要重新省思。美國國內已經問題如山，所以最好不要對美國抱以過多的期待，應該思考如何基於坦率的對話來建立與美國之間的對等夥伴關係。

第七議　置親兵以衛帝都

這一議的論述是關於防衛的重要性，這裡我來講述一下與日本防衛問題也有很深關聯的台灣動向，因為一旦忽略台灣的變化，就會對日本造成意想不到的危險。

我在擔任總統期間，提出了「確立身為台灣人的身分認同」，然後在這個基礎上，做了帶領台灣走向民主化與近代化的大轉向。但遺憾的是，二〇〇〇年以來，經過四次總統選舉的台灣，民主化卻不進反退。

正如我在第一章所介紹，在民主化的過程裡，台灣出現了亨廷頓所指出的反動，對民主主義倒行逆施的保守派掌權後，因為採用中國式的皇帝型統治而持續腐敗，並由政府主導來侵害國民權利，藉由中華思想的滲透來否定「身為台灣人的身分認同」，台灣現在的「親中」傾向，無疑已經開始動搖了這個身分認同。

二〇〇九年八月，台灣南部因為颱風而造成大水災，可是從台灣當權者的處置看來，可以知道現行的政治並沒有由衷為國民著想，所以我現在對此感到非常憂心。

我認為鞏固日本和台灣之間的心靈羈絆是必要的，所以穩定日台的經濟關係，以及促進文化交流，不單只是為了台灣，也是為了確保日本的繁榮與安全。我希望日本的領導人能針對持續瓦解的日台關係進行補強，並積極出力幫忙。

日本一旦輕忽了台灣，那麼日本這個國家應該就會立刻變得危險，日本必須把這件事當作常識，即使就地緣政治學來看，要說日本的命運掌握在台灣手中，一點也不為過，日本領導者應該更認真對此加以思考，「見樹不見林」的外交政策將會為日本帶來重大的問題吧。

第八議　金銀貨物，應參照外國，設立均等之法。

安倍首相現在正在進行「安倍經濟學」這樣大膽的經濟政策，我對此寄託了很大的期待，只要能擺脫通貨緊縮，取回「失去的二十年」，日本應該就會大大地重生。

日本是擁有莫大個人金融資產的國家，這個金融資產絕對有必要作為投資資金在市場創造流通管道，為了達到這樣的目的，就必須消除國民對未來的不安，也就是對老後的不安，所以應該推出醫療、年金和照護之類的「老後安心政策」，這麼做之後，高齡者才能安心地把個人金融資產投入市場運作，而且不只是國內的市場，對於海外的投資也必須有所進展才行，如此一來，日本才能對世界經濟做出重大的貢獻。

給年輕人帶來自信與驕傲

我在對日本人聽眾演講時，經常會提起坂本龍馬，那是因為我對日本的歷史與文化感到驕傲，裡頭蘊藏著我希望平成維新能夠成功的願望，現在正是日本人必須找回自信與驕傲的時候。

這裡要再提到第三議裡關於教育的部分，我認為日本躬行實踐的精神活在戰前的教育裡，可是在戰敗後，卻幾乎全都遭到遺忘。教育是國家的百年大計，我希望日本人能重新面對自己的歷史和文化，再一次找回躬行實踐的精神。

現在日本年輕人值得同情的地方在於，他們單方面接受的教育告訴他們：「過去的日本做了壞事，是侵略亞洲的邪惡國家。」所以認為日本應該要受到世界各國的批判，也因此失去自信。

哪有這種蠢事！過去是過去，現在是現在，兩方面都很重要，如果沒有過去也不會有現在，日本必須從這個地方開始教育，現在還在批判日本的只有中國和韓國，而且那完全是出於自身原因的自私行為。

我曾到台中的日僑學校演講，他們的校舍在一九九九年的大地震中也倒塌了，當我在地震發生後數日前往學校視察時，一抵達學校，校長就和許多家長出來迎接，因為聽到總統要前來視察的消息，於是就等著要向我陳述他們希望盡早重建學校的想法。

當時我只對校長回了一句「我知道了」，可是校長卻呆住了，因為對於接受日本教育的我來說，回答「我知道了」，就是「一定會實行」的意思。

當晚回到總統府的我，馬上就對相關部門下達指示，要求尋找替代場地，最後決定在台糖所有的國有地上興建新學校，並於數日後通知了台中日僑學校。

新建的日僑學校在落成典禮時邀請我出席，但是我沒有出席，而是請我妻子代替我去，因為一旦我出席了，又會引起「李登輝又在偏袒日本」的無謂批評。

在那之後過了幾年，我再度受邀前往日僑學校，在學生面前演講，內容是日治時期的台灣狀況。

問了學生以後，才知道在日本的學校裡，所教的是：「日本把台灣納入殖民地，壓榨人民，讓人民感到痛苦。」這完全是彌天大謊。

我對學生們這麼說。

後藤新平身為第四任台灣總督兒玉源太郎的民政長官，只用了短短八年七個月的時間，就把台灣改造成超乎你們想像的近代化社會，建立了今日的繁榮基礎。為了讓台灣近代化並發展經濟，後藤新平所做的第一件事，就是把不做事的一千零八十位日本官員開除並送回日本，這種事如果沒有相當程度的覺悟和決心，是辦不到的。他還在台灣聚集了來自各領域的專家，以大家都知道的新渡戶稻造和台灣至今依然最受尊敬的水壩技師八田與一為首，有很多有能力的日本人都為了台灣而工作，托他們的福才有現在的台灣。

說了這些以後，有一位學生代表，應該是國中二年級，在演講結束後很高興地說：「聽了今天的演講，我有了自信，以前走在街上，總覺得沒臉面對，從明天開始我要昂首闊步。」我也很開心地鼓勵他「加油」。

我想，現在的日本人並沒有認真去思考所謂的日本是怎麼一回事，日本有日本自己的考量和緣由，所以和外國締結了友好關係，也打過仗，在國際社會裡生存，日本是否太過於缺乏保有主體的意識呢？

對於日本人在二戰結束後產生了一百八十度的價值觀翻轉，我感到非常遺憾，現今的日本人必須及早從戰後的自虐式價值觀中解放出來才行，為此日本人應該更有自信一些，為自己身上繼承了過去建築在武士道這種不成文律法之上的民族血液感到驕傲，然後擁有身為日本人的身分認同，日本才能擔負起國際社會的要角。

之前已經說過很多次了，我在擔任總統時，就一直思考該如何建立身為台灣人的身分認同，這個問題就算在我從政壇引退之後，也一直是我很大的一個中心思想。為此我現在依然每年開設所謂的李登輝學校，把台灣的歷史、地理、文化以及藝術等，整理製作成教科書來教育年輕人。

重要的是要了解台灣的歷史，只要瞭解歷史就會對國家產生情感，也就能針對台灣所面臨的相關問題進行討論，這麼做是提升身為台灣人身分認同的第一步。

另外，我還更進一步以日本人為對象，舉辦了「日本李登輝學校台灣研修團」，因為我想要讓日本方面更瞭解台灣的歷史以及日本與台灣的關係，是出於這樣的心情，所以由支持我的在日團體日本李登輝之友會來舉辦，於每年春秋舉辦二次，邀請前駐日大使和大學教授等組成即使在台灣也是一流的講師陣容，用日語講課，當然，最後一天是由我主講。

二〇一三年秋天，加上日本李登輝學校第二十屆的畢業生，畢業總人數剛好達到將近八百人，其中參與的年輕人也相當可觀，每個畢業生都是李登輝的分身。如果我的分身在日本不斷增加，能夠幫助日台關係更加緊密的話，我想我會永遠站在大家面前上課。

為了要改革成功，就必須讓年輕人胸懷大志來行動，為了達到這個目的，首先就是教育，施行的教育必須讓年輕人擁有驕傲與自信，為了構築美好的日本，我由衷期盼年輕人能站出來行動。

而且為了東亞的安定與和平，我希望台灣與日本能建立更進一步的關係，願日本的年輕人能與台灣的年輕人能攜手合作，為亞洲與世界做出貢獻。

結語

二〇一一年十一月，我接受了大腸癌的手術，在這件事的幾天前，我在定期健康檢查時發現了癌症，當晚我就向醫療團隊表達了「我想要動開腹手術」的意願，醫療團隊在考量我的年齡和體力之後，建議我做內視鏡手術。一旦發現問題，就要從根本部位徹底摘除，這是我人生一貫的態度，因此，我果斷認為，為了完全清除癌細胞，除了開腹手術之外，沒有其他辦法。

手術順利完成後，我躺在醫院的病床上，每天所想的都是關於台灣的二件事。適逢兩個月後就要舉行總統大選，不管是誰當選，台灣眼下面臨的都是該如何經由領導去解決經濟問題，然後還有台灣今後的政治改革該何去何從。

關於台灣的經濟，有很大一部分關乎領導者的能力、與中國之間的關係，以及國際經濟的動向，尤其是領導者如果無能的話，就會明顯耽誤國家的發展，因此，在本書裡曾再三強調，國家或是地方政府的領導人選擇是非常重要的。

另外，還有一件讓我掛心的事，就是台灣的政治改革停滯不前。舉例來說，這幾年來中央政府的組織調整雖然有所進展，但最後卻只是形式上的部會整併，行政功能和效率都沒有獲得提升，而且因為地方分權不夠充分，所以造成地方的發展或地方自治的功能不全。

回顧這二十年，台灣的民主化或許可以說是在我擔任總統的十二年內獲得了一定的成果，不但奠定了現在台灣社會的自由與民主主義、人權等這些概念，還保障了言論與報導的自由，乍看之下，台灣就像已經完全確立民主的國家，可是，一旦把目光轉向台灣社會的內部，就會發現台灣的民主化程度還說不上是完全達成，所以台灣還需要「第二次民主改革」。

國民黨在過去獨裁的年代裡，以「反攻大陸」作為黨的基本方針，其影響力依然在台灣留有深遠的部分，也就是權力、財源、福利等等都遭到過度中央集權化，結果讓地方自治制度以不健全的狀態保留了下來，所以民主化的推動對於地方的發展來說，也可以說是沒有直接的貢獻，這個問題長久以來都是我心頭上的一根刺。

從時任總統的期間以來，我都是以「現場主義」為本，所以在出院後靜養了半年，於二〇一二年四月以造訪台灣南部的高雄與屏東為起點，展開了名為「生命之旅」的台灣地方走訪之旅。我從二〇〇〇年卸任總統以來，已經超過十年沒有機會離開台北，所以我認為有必要用自己的雙眼好好觀察地方的樣子，並經由直接傾聽人們的聲音來加以確認。

旅行途中，我雖然曾經因為身體不適，而暫時中斷旅程去進行椎動脈支架置放手術，可是在二〇一三年十一月，我又造訪了花蓮港和宜蘭，也算是繞著台灣看了一圈。

我還把自己的足跡延伸到了位於太平洋海上的綠島，經過多次的視察，我覺得台灣的地方未免也太過於疲弊。

在這趟「生命之旅」裡，我反覆與農民對話，並視察學校與社會福利設施，還花了很多時間去傾聽各領域從業人士的直接想法，因此在弄清楚台灣地方發展的問題癥結點時，也與人們一同尋找問題的解決方法和未來發展的方向性。

在台灣民主化經過將近二十年來的今天，過度中央集權與地方的疲弊狀況仍然缺乏改革，所以考量到地方經濟的衰退與領導者的缺席，以及人才的外流，當務之急可說就是針對這些問題進行徹底的改革。

我一個人在台灣的地方上邊走邊看的結果，就是我得出了一個結論，即地方自治如果沒有達到健全化，台灣的民主化就無法更加深入，所以台灣必須推動「第二次民主改革」。

於是我在二〇一三年秋天，舉辦了好幾次「健全地方發展與治理研討會」，召集了許多學者、專家以及與地方自治有實際關連的政治家來反覆進行討論。

台灣的人們，從某種意義上來看，雖然有一部分的人在把選舉投票的權利拿到手後，就認為民主化已經達成而為此感到滿足，但民主化只有這樣是不完全的，正如上文所述，對於民主化的深入來說，開始對故態依舊的結構進行改革，同時培養優秀的領導者，這些都是必要的。

在研討會裡，針對了中央政府的效率化，以及合理化地方政府的權限、資源分配，還有為國營事業的民營化引進自由競爭等多元的領域分別進行了討論，最後提出了十項具體目標的建言，接下來就是該如何實現這些建言的問題，「台灣的第二次民主改革」還在開始階段而已。

台灣的民主化從開始到現在已經經過了一段長期的時間，不管是社會上的工商業發展，或是因為科學技術進步而發展的資訊透明化，還是人們的公民意識逐漸抬頭，都讓國民生活所需不再為中央集權這種組織所滿足。

只要政府突破現狀，健全地方政府，讓地方政府因為來自中央政府的權限轉讓而效率化，最後就能滿足人們的生活，增加他們直接參與地方自治的機會，這才正是經由地方自治來實現台灣的民主化，如此一來，我堅信台灣的民主主義會更進一步深入，變得越來越成熟。

我在今年一月迎接了九十一歲的生日，雖然我不知道自己還有多少時間，但我早就打算為了台灣和人民，把接下來的餘生都奉獻給「第二次民主化」，這是我完成自己捨「我」奉「公」這種「我是不是我的我」人生哲學的覺悟。

本書能夠出版，我要衷心感謝株式會社Wedge的顧問立林昭彥先生，和取締役書籍部長的吉村伸一先生，他們多次到訪位於台北的寒舍與辦公室，整理、彙整了許多的資料，同時還有我的日本人秘書早川友久，感謝他的協助。

二〇一四年四月

李登輝

主要資料・引用文獻

◎李登輝、加藤英明，《今後的亞洲》（これからのアジア），光文社，一九九六。

◎伊藤潔，《李登輝傳》（李登輝伝），文藝春秋，一九九六。

◎李登輝，《台灣的主張》（台湾の主張），PHP研究所，一九九九。

◎李登輝、中嶋嶺雄，《亞洲的智略：日本擁有對歷史與未來的自信》（アジアの知略——日本は歴史と未来に自信を持て），光文社，二〇〇〇。

◎李登輝，《921大地震救災日記》（李登輝——台湾大地震救済日記），PHP研究所，二〇〇〇。

◎上坂冬子，《虎口上的總統：李登輝與他的妻子》（虎口の総統——李登輝とその妻），文春文庫，二〇〇一。

◎細野浩二，《永遠的生命：似於夏目漱石之物》（永久の生命——夏目漱石と類似のもの），近代文藝社，二〇〇二。

◎李登輝、小林善紀，《李登輝學校的教導》（李登輝学校の教え），小學館文庫，二〇〇三。

◎李登輝，《「武士道」解題：做人的根本》（「武士道」解題——ノーブレス・オブリージュとは），小學館文庫，二〇〇六。

◎李登輝、中嶋嶺雄，《李登輝實錄：在邁向台灣民主化的路上與蔣經國的對話》（李登輝実録——台

灣民主化への蔣経国との対話），產經新聞出版，二〇〇六。
◎日本李登輝之友會編，《李登輝訪日：給日本的訊息》（李登輝訪日——日本国へのメッセージ），まどか出版，二〇〇七。
◎司馬遼太郎，《新裝版　街道漫步40：台灣紀行》（新装版　街道をゆく40——台湾紀行），朝日文庫，二〇〇九。
◎日本李登輝之友會編，《驕傲吧！日本：李登輝的沖繩訪問全記錄》（誇りあれ、日本よ——李登輝・沖縄訪問全記録），まどか出版，二〇〇九。
◎黃文雄《哲人政治家：李登輝的原點》（哲人政治家——李登輝の原点），ワック文庫，二〇一一。
◎李登輝，《日台的「心靈羈絆」：獻給美好的日本人》（日台の「心と心の絆」——素晴らしき日本人へ），寶島社，二〇一二。
◎李登輝，《新版　最高領導者的條件》（新版　最高指導者の条件）ＰＨＰ研究所，二〇一三。

「民之所欲，長在我心」

李登輝

餘生

我的生命之旅與台灣民主之路

百年誕辰紀念版

餘生：我的生命之旅與台灣民主之路（百年誕辰紀念版）

作　　者　李登輝
譯　　者　劉又菘
譯　　校　黃谷光

發 行 人　林敬彬
主　　編　楊安瑜
副 主 編　黃谷光
編　　輯　黃谷光、林子揚
內頁編排　詹雅卉（帛格有限公司）
封面設計　季曉彤（小痕跡設計）
編輯協力　陳于雯、高家宏

出　　版　大都會文化事業有限公司
發　　行　大都會文化事業有限公司
11051 台北市信義區基隆路一段 432 號 4 樓之 9
讀者服務專線：(02)27235216
讀者服務傳真：(02)27235220
電子郵件信箱：metro@ms21.hinet.net
網　　　址：www.metrobook.com.tw

郵政劃撥　14050529 大都會文化事業有限公司
出版日期　2016 年 02 月初版一刷 • 2020 年 12 月初版十八刷
2022 年 12 月修訂初版一刷

定　　價　380 元
ISBN　978-626-96669-2-8
書　　號　98032

RI TOKI YORI NIHON E OKURU KOTOBA

4F-9, Double Hero Bldg., 432, Keelung Rd., Sec. 1, Taipei 11051, Taiwan
Tel:+886-2-2723-5216　Fax:+886-2-2723-5220
Web-site: www.metrobook.com.tw
E-mail: metro@ms21.hinet.net

國家圖書館出版品預行編目（CIP）資料

餘生：我的生命之旅與台灣民主之路 / 李登輝著
-- 修訂初版. -- 臺北市：大都會文化, 2022.12
272 面；21 × 14.8 公分.

ISBN 978-626-96669-2-8（平裝）

1.李登輝　2.臺灣傳記　3.臺灣政治

573.07　　111018666